Bibliothèque historique de la « France Médicale »

Statuts et Règlements

DES

Chirurgiens des Provinces

Réimpression de l'édition de 1758

PAR

Le Dr de RIBIER

PARIS
HONORÉ CHAMPION
5, QUAI MALAQUAIS, 5
—
1912

N° 35

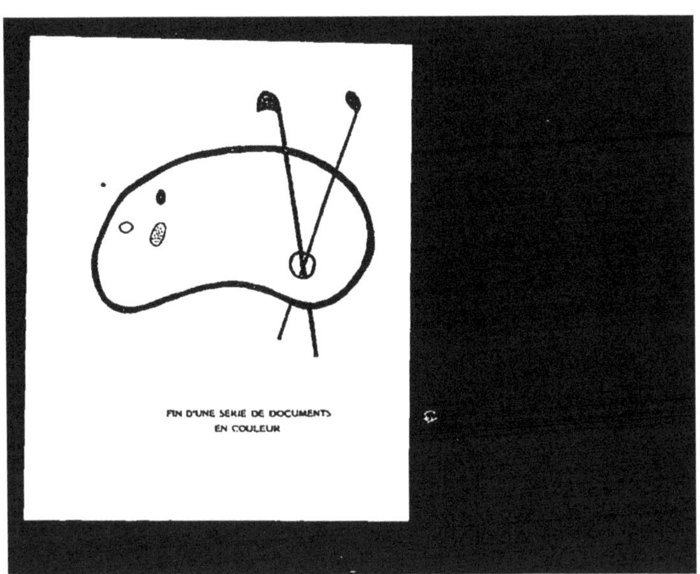
FIN D'UNE SERIE DE DOCUMENTS
EN COULEUR

Bibliothèque historique de la « France Médicale »

Statuts et Règlements

DES

Chirurgiens des Provinces

Réimpression de l'édition de 1758

PAR

Le Dr de RIBIER

PARIS
HONORÉ CHAMPION
5, QUAI MALAQUAIS, 5
1912

Avant-Propos

—

Le petit volume que nous réimprimons aujourd'hui est devenu fort rare pour ne pas dire introuvable (1); il est cependant d'une importance capitale pour l'histoire administrative de la chirurgie en Province au

(1) L'ouvrage n'existe pas à la Bibliothèque Nationale qui ne possède que *les Statuts et Reglemens pour les chirurgiens des provinces établis ou non établis en corps de communautés*. A. Auxerre, Chez François Fournier, 1742. (Bibl. nat. T[D], 8 A.)

La bibliothèque de l'Ecole de médecine de Paris ne possède pas d'exemplaire des *Statuts* parus en 1731. — Un exemplaire se trouve à la bibliothèque de l'Université de Washington (*Index-Catalogue of the library of the surgeon-général's office United States Army*. *T.8. p.937. c. 2.* — Washington Goverment printing office, 1887.

Voici les seuls ouvrages de ce genre que nous ayons pu retrouver à la bibliothèque de l'Ecole de médecine de Paris et dont nous croyons devoir donner la liste :

A. — 90957. Mélanges, t. XIII, n° 20. *Statuts et règlemens pour la Communauté des Maitres-Chirurgiens de la ville de Versailles*, in-4°. Paris, Jacques Josse, imp. rue Saint-Jacques. A la Colombe royale proche Saint-Yves, 1723. 40 pages

B. — 90957. Melanges, t. XXV, n° 32. *Statuts pour la Communauté des maitres-chirurgiens-jurez de Paris*, in-4°. Paris. Jacques Guérin, 1742, 108 pages.

C. — 7318. *Statuts pour la Communauté des maitres-chirurgiens-jurez de Paris*, in-4°. Paris, Jacques Guérin, libr. imp. Quay des Augustins, 1732. 114 pages. Avec un ex-libris aux armes de La Peyronnie.

D. — 5732. Statuts et règlemens généraux par les maitres en chirurgie des provinces du royaume. V° édition par Le Blond d'Olblen, in-4°. Paris, P. F. *Didot 1772*, VIII-160 pages.

E. — 90957, t. 25, n° 30. Idem. nouvelle édition de 1754. Paris, Delaguette, in-4°, VIII-75 pages.

F. — 90957, t. 25, n° 31. Idem. Quatrième édition 1765. Paris, Didot le jeune, in-4°. 128 pages.

XVIIIe siècle. Successivement les villes importantes du royaume qui possédaient une communauté de chirurgiens, rédigèrent des statuts, nous en avons nous-même

On trouvera, à la Bibliothèque de l'Ecole Supérieure de Pharmacie de Paris, les éditions suivantes :

N° 21592. *Statuts et règlemens pour les Communautés de chirurgiens des provinces.* Nouvelle édition. Paris, Delaguette, 1751, in-4.

N° 18810. *Statuts et règlemens généraux pour les Communautés de chirurgiens des Provinces.* Donnés à Marly le 24 février 1730. Nouvelle edition... par Le B. d'Olblen. Paris, Vve Delaguette, 1758, in-4°.

N° 25219 *Statuts et règlements généraux pour les maitres en chirurgie des Provinces du Royaume.* 5e édition...par Le Blond d'Olblen. Paris, P. Th. Barrois le jeune. 1772, in-4. (Communication de M. le docteur Dorveaux.)

L'acquisition par l'Etat de la Bibliothèque de Daremberg pour la Bibliothèque de l'Académie de Médecine, a enrichi cette dernière des éditions suivantes, qui, faute de place, ne sont malheureusement pas encore classées.

1° *Statuts pour la Communauté des maitres chirurgiens jurez de Paris.* Paris, 1701, in-4.

2° *Statuts, ordonnances et règlemens de la communauté des barbiers-baigneurs, étuvistes et perruquiers de la ville, faux-bourgs et banlieu de Lyon.* 1692.

3° *Statuts et règlemens généraux pour les maitres en chirurgie des provinces du royaume, donnés à Marly le 24 février 1730. 3° édition augmentée des édits, arrêts et déclarations qui y ont rapport, de différentes notes et éclaircissemens : de modèles pour les lettres de maitrise, etc...* par M. Le Blond d'Olblen. Paris. 1772, in-4. (*2 exemplaires.*)

4° *Statuts et règlemens pour les chirurgiens des provinces, établis ou non établis en corps de communauté. Avec une table chronologique de tous les édits, déclarations, lettres patentes, et arrests du Conseil, concernant les médecins, chirurgiens, accoucheurs...* (13 août 1731). Paris, P. Prault, 1735, in-4.

5° Ibidem. Auxerre, F. Fournier. 1742, in-4.

6° Ibidem. Paris, C. Osmont, 1745, in-4.

Ces deux dernières éditions n'ont pas la table chronologique. (Communication de M. le Docteur Wickersheimer).

Plusieurs villes de provinces conservent des exemplaires des *Statuts*, entre autres Rouen dont la bibliothèque de l'Ecole de Médecine et les Archives départementales possèdent l'édition de 1730 pour les Chirurgiens de Versailles et un exemplaire des Statuts des Chirurgiens de Rouen 1756. (*Communication de M. le docteur François Hue, de Rouen*).

publié un certain nombre pour l'Auvergne (1). Mais tout cela manquait d'ensemble, était un peu hétéroclyte et quand parurent les *Statuts et règlemens pour les chirurgiens des Provinces*, le besoin d'un travail général et uniforme se faisait impérieusement sentir.

L'édit royal de février 1692, qui créa les chirurgiens jurés, servit de lois à tous les chirurgiens jusqu'en 1719. Cette même année, Louis XV donna par lettres patentes des statuts aux maîtres-chirurgiens de Versailles et décida que ces statuts régiraient jusqu'à nouvel ordre toutes les communautés de chirurgiens du royaume, à l'exception de celle de Paris.

Le 24 février 1730 parurent les nouveaux règlements que nous publions aujourd'hui. Ils furent légèrement modifiés par des édits, arrests et déclarations de 1736, 1738, 1749, 1750, 1754, 1755, 1756, 1760 et 1772.

L'ouvrage original que nous possédons nous fut offert voilà quelques années par notre regretté et érudit confrère, M. le docteur Dourif (2), qui durant toute une longue vie d'honneur et de probité, sut associer les sentiments religieux les plus vifs à la tolérance la plus large, et tout en donnant à ses contemporains un exemple trop peu suivi, leur montrer que la bonté et la médecine doivent toujours marcher de pair. Les rares loisirs que lui laissaient une nombreuse clientèle et la pratique d'une discrète charité, il les

(1) Docteur de Ribier : *La Médecine dans l'ancienne Auvergne* p. 156. Paris, H. Champion, 1908, et J.-B. Bouillet : *Histoire des communautés des Arts et Métiers de l'Auvergne*, p. 90. Clermont-Ferrand, P. Hubler, 1857. C'est en 1694 que furent homologués les statuts des chirurgiens de Clermont-Ferrand, et en 1699 ceux des chirurgiens de Montferrand ; ceux des chirurgiens de Riom en 1716 seulement.

(2) Guillaume-Henri Dourif, né à Saint-Amand-Taliende (Puy-de-Dôme), le 7 mai 1824, docteur en médecine en 1849, professeur honoraire de clinique médicale à l'Ecole de Médecine de Clermont-Ferrand, ancien président de l'Académie de Clermont-Ferrand, mort dans cette ville le 17 janvier 1910.

employait à l'étude de l'histoire et de l'histoire de la médecine en particulier (1).

C'est sous son patronage que nous mettons cette nouvelle édition des *Statuts et règlemens pour les chirurgiens des provinces* comme un faible tribut de notre respectueuse gratitude.

(1) L'Ecole de Medecine de Clermont-Ferrand durant le XIXe siècle. *In Bulletin historique et scientifique de l'Auvergne.* Année 1903.

STATUTS
ET
RÈGLEMENTS
GÉNÉRAUX
POUR LES COMMUNAUTÉS
DES CHIRURGIENS DES PROVINCES

Donnés à Marly le 24 février 1730. Enregistré dans tous les Parlemens du Royaume.

NOUVELLE ÉDITION

Augmentée des Edits, Arrets et Déclarations qu'y ont rapport, de différentes Notes et éclaircissemens, de Modeles pour les Lettres de Maitrise, etc.

par M. L. B. d'Olblen, *Avocat au Parlement, Secrétaire de M. le Premier Chirurgien du Roi.*

A PARIS
Chez la Veuve Delaguette, Imprimeur du Collège et de l'Académie Royale de Chirurgie, rue S. Jacques, à l'Olivier.

M. D. CC. LV. III, (1)

(1) *Grâce à l'obligeante communication du docteur Dorveaux, il nous est possible de donner* in extenso *l'édition de 1753* des Statuts et Reglemens des Chirurgiens des Provinces. *L'original très rare que nous possédons ne comprenant plus* l'Avertissement *et l'édit de 1723.*

Cette publication sera ainsi absolument complète, et c'est à l'érudit bibliothécaire de l'Ecole supérieure de pharmacie de Paris que nos lecteurs en sont redevables.

AVERTISSEMENT

L'édit du mois de septembre 1723, portant rétablissement des Lieutenans et Greffiers du Premier Chirurgien du Roi dans toutes les Communautés de Chirurgiens des Provinces du Royaume, avoit ordonné que ces Lieutenans et Greffiers seroient à l'avenir nommés et commis par le Premier Chirurgien, dans toutes les villes où il y auroit Archevêché, Evêché, Parlement, Chambre des Comptes, Cour des Aydes, Baillage ou Sénéchaussée nuement ressortissans aux Cours de Parlement.

Comme les anciens Réglemens que ces Communautés avoient suivis jusqu'alors ne pouvoient plus s'accorder avec les droits et privilèges attribués par cet Edit au Premier Chirurgien, les Lieutenans et Commis et que les Statuts particuliers des Chirurgiens de Versailles, où le Premier Chirurgien étoit, ainsi qu'à Paris, en possession d'exercer sa Juridiction, contenoient à cet égard les dispositions les plus essentielles; il fut ordonné par le même Edit de 1723 que les Statuts des Chirurgiens de Versailles du mois de mars 1719 seroient exécutés selon leur forme et teneur dans les autres Communautés de Chirurgiens des Villes des Provinces ; mais seulement par provision, et en attendant qu'il fut dressé un nouveau Corps de Statuts pour servir de Règlement général et uniforme dans toutes es Communautés.

L'exécution des Statuts des Chirurgiens de Versailles ne pouvoit être ainsi ordonnée que provisoirement, attendu que, n'ayant été rédigés que pour la seule ville de Versailles, ils ne pouvoient manquer de se trouver en défaut sur plusieurs Articles dans les autres Communautés, et notamment sur la réception des Chirurgiens pour la campagne, concernant lesquels ils ne contenoient aucune disposition particulière.

Il auroit fallu, en se bornant à ces Statuts, ou laisser aux Chirurgiens de la Campagne toute liberté d'exercer leur profession, sans avoir donné aucune preuve d'une capacité suffisante ; ce qui répugne au bien public ; ou exiger de leur part les mêmes épreuves et les mêmes droits que de ceux destinés pour les Villes. Il seroit à la vérité à souhaiter qu'on pût le faire : la conservation d'une multitude de sujets qui peuplent les Campagnes n'est pas moins précieuse à l'État que celle de la plupart des Habitants des Villes ; mais on sent assez que le peu de ressource que fournit l'exercice de la Chirurgie à ceux qui la professent dans les Bourgs et Villages ne permettra jamais de les assujettir à toute la rigueur des formalités prescrites pour ceux qui s'établissent dans les Villes. Ce seroit vouloir priver entièrement les Campagnes des secours les plus urgens de l'art de guérir.

Il étoit donc nécessaire d'établir des destinations dans la forme de procéder à la réception des Aspirans à la Maîtrise en Chirurgie, et de se contenter, à l'égard de ceux qui voudroient se fixer dans les Bourgs et Villages, de quelques légers examens, suffisans pour s'assurer de leur capacité sur les matières et les faits de pratique les plus communs de leur art; c'est à quoi ne satisfaisoient pas les Statuts de Versailles; ce défaut essentiel et les difficultés auxquelles ils donnoient lieu faisoient sentir de plus en plus la nécessité d'un nouveau règlement plus exact.

Il parut en l'année 1730; M. Maréchal, pour lors premier Chirurgien du Roi, ayant fait rédiger, tant sur les Mémoires qui lui avoient été adressés de la part de plusieurs Communautés, que sur les Statuts de Versailles et autres, un projet de Statuts relatif aux vûes qu'il se proposoit pour le bien de la Chirurgie, en obtint la Confirmation par la Déclaration du 24 février 1730.

C'est de ces Statuts dont on donne ici une nouvelle édition, avec les réflexions nécessaires pour rapprocher sous un même point de vûe les changemens qui y sont survenus depuis 1730.

Et d'abord, il faut observer: que la Déclaration du 24 février 1730, en dérogeant, pour différentes raisons, aux dispositions de l'Edit du mois de septembre 1723, en ce qui concernoit la nomination des Lieutenans du Premier Chirurgien du Roi, ne fixoit plus ses établissemens aux villes où il y auroit Archevêché, Evêché, Parlements, Cour Supérieure ou Justice nuement ressortissante au Parlement, ainsi que le portoit l'Edit de 1723 : mais seulement pour les lieux où il se trouveroit actuellement six Maîtres Chirurgiens; de manière que tous les endroits indistinctement où il y avoit six Maîtres de cette Profession, ils pouvoient y former Communauté par l'Etablissement d'un Lieutenant du premier Chirurgien, quelque put être d'ailleurs la nature de la Justice. Les Statuts confirmés par cette Déclaration, que nous nommons Statuts de 1730, avoient été rédigés relativement à cette dernière disposition, comme on le voit par plusieurs articles.

Mais les difficultés qui survinrent de ce nouvel arrangement en firent bientôt sentir les inconvéniens : En effet les Communautés de Chirurgiens n'avoient plus d'état fixe, elles vivoient ou mourroient, pour ainsi dire, suivant les variations qu'elles éprouvoient dans le nombre des Maîtres dont elles étoient composées : si une communauté de six maîtres se trouvoit réduite à cinq, elle demeuroit sans activité, c'est-à-dire, sans pouvoir et sans fonctions, jusqu'à ce qu'elle eût réparé sa perte.

Pour remédier à ces viscissitudes, Sa Majesté jugea à propos par sa Déclaration du 3 septembre 1736, de rétablir, pour la nomination des Lieutenans et Greffiers du Premier Chirurgien du Roi, les dispositions de l'Edit du mois de septembre 1723, en ordonnant que, sans égard pour celles de la Déclaration de 1730, le Premier Chirurgien nommeroit dorénavant ses Lieutenans et Greffiers dans toutes les Communautés de Chirurgiens des villes où il y auroit Archevêché, Evêché, Parlement, Chambre des Comptes, Cour des Aydes, Baillage ou Sénéchaussée, nuement ressortissant au Parlement.

Ainsi c'est l'Edit de 1723, qui détermine actuellement, comme avant la Déclaration du 24 février 1730, quels sont les lieux où les Chirurgiens peuvent former Communauté, et non pas le nombre des Maîtres-Chirurgiens établis dans ces lieux.

Quelque facilité qu'il y ait à entendre cet arrangement, et à remarquer que la Déclaration du 3 septembre 1736, n'a eu pour principal objet que le rétablissement de l'édit du mois de septembre 1723, en ce qui concerne la nomination des Lieutenans et greffier du Premier Chirurgien du Roi; il s'est cependant trouvé depuis cette Déclaration des officiers de Justice qui ont encore prétendu que le nombre de six Chirurgiens étoit nécessaire pour former Communauté, et qui ont fait entreprendre plusieurs procès pour le soutenir.

Comme cette erreur ne peut s'attribuer qu'au peu d'attention qu'on a donné à la Lecture de l'Edit et de la Déclaration dont il s'agit ici, il étoit important, pour arrêter de semblables affaires à venir, d'exposer d'abord d'une manière claire et précise le véritable état des choses à cet égard.

Ces mêmes observations se trouveront rappellées en notes sur les différens articles des présens Statuts qui supposent les Communautés composées de six maitres, afin d'éviter dorénavant toute équivoque sur cet objet. — On a ajouté pareillement sur les autres articles les éclaircissements qui ont paru nécessaires, et on a eu soin d'y rapporter les différens Arrets qui en ont confirmé les dispositions, et qui peuvent servir à empêcher le renouvellement des difficultés terminées par ces arrets.

La réforme opérée dans les Statuts de 1730, par la Déclaration du 3 septembre 1736, n'étoit pas la seule ni même la plus importante dont les Réglemens pouvoient être susceptibles. — Les Articles LXVIII. et LXIX. concernant l'aggrégation en demandoient une plus sérieuse, en ce que les termes trop généraux dans lesquels ils étoient conçus, ne tendoient à rien moins qu'à annuller tout ce qui est d'ailleurs si sagement établi par ces mêmes Statuts, pour la rigueur des épreuves et examens : En effet, ces Articles portent simplement, *que les Maitres reçus dans une com-*

munauté, pourront se faire aggreger dans une autre, en subissant un seul examen de trois heures, et en payant le quart des droits ordinaires : De là, des Aspirans qui vouloient parvenir à la Maitrise dans les Communautés de Chirurgiens les plus célèbres, mais qui craignoient la régularité des Actes probatoires qu'on y faisoit subir, alloient, pour se soustraire à la rigueur de ces épreuves, se présenter à quelqu'autre Communauté peu nombreuse, dans laquelle, par la promesse qu'ils faisoient de ne s'y point fixer, ils obtenoient trop facilement la qualité de maître, en vertu de laquelle ils venoient ensuite sommer les Communautés où ils avoient dessein de s'établir de les recevoir par la voye de l'aggrégation, quoique quelquefois ils eussent été refusés dans ces mêmes Communautés pour cause d'incapacité, ou faute d'avoir produit les pièces prescrites par les statuts : En vain ceux qui étoient à la tête des Communautés reclamoient-ils contre un abus si manifeste ; les termes trop généraux de ces articles étoient toujours interpretés trop favorablement en ces occasions par les Juges auxquels on avoit recours. Il y en a eu plusieurs exemples.

On s'est donc apperçu que les deux articles avoient besoin d'être restreints dans de justes bornes, qui, sans oter tout à fait le droit de l'aggrégation à des Maîtres qui seroient de bonne foi dans le cas de changer de résidence, arretassent le mauvais usage qu'on en avait fait.

On a remarqué au surplus que les réceptions abusives et précipitées, faites dans de petites Communautés pour passer dans une plus considérable, n'auroient pas lieu ou auroient moins d'inconvéniens, si toutes les Communautés avoient été fort exactes à se conformer aux dispositions prescrites par les Statuts pour l'admission des Chirurgiens à la maîtrise. Il étoit donc encore nécessaire de confirmer ces dispositions et de prendre les précautions convenables pour en rendre l'infraction plus difficile.

C'est ce qui a été fait par les Lettres Patentes du 31 décembre 1750, lesquelles, en enjoignant sous de nouvelles peines l'exécution des dispositions des statuts de 1730 au sujet des Actes de Maîtrise, ordonnent qu'aucun Chirurgien ne pourra dorénavant prétendre à l'aggrégation, *qu'après avoir residé dix ans dans la ville pour laquelle il aura d'abord été reçu Maître.*

Comme cette nouvelle Loi, qui ajoute un nouveau degré de perfection aux Statuts de 1730, demande la plus grande attention de la part des Communautés, on a eu soin de l'insérer à la suite des statuts. On y a joint pareillement l'Edit du mois de septembre 1723, la Déclaration du 3 septembre 1736, cités ci-dessus, des modèles pour les Lettres de Maîtrises relatives aux Lettres-Patentes de 1750, et enfin toutes les autres pièces les plus importantes concernant la discipline des Communautés de Chirurgiens, la défense de leurs droits, et la Juridiction du Premier Chirurgien du Roi.

On a rappelé aussi dans les notes des articles des Statuts des Chirurgiens de Versailles qui ont été conservés dans ceux de 1730, pour faire voir que la plupart des points de discipline ordonnés par ces derniers Réglements, ne sont point nouveaux, mais qu'ils étoient déjà d'usage avant la Déclaration de 1730.

Il est facile du reste d'observer que cette Déclaration et les Statuts de la même année qu'elle confirme, ainsi que la Déclaration de 1736, et les Lettres Patentes de

1750, étant enregistrés dans tous les Parlements du Royaume, l'exécution provisoire des Statuts des Chirurgiens de Versailles doit être entièrement abolie dans toutes les communautés de Chirurgiens ; et qu'à l'exception de Versailles même, et d'un très-petit nombre de Villes Capitales où les Chirurgiens ont des Règlements particuliers, les statuts généraux de 1730 sont les seuls qui doivent maintenant être suivis dans toutes les autres Villes.

C'est aux soins de M. de La Martinière, qui remplit actuellement la Place de Premier Chirurgien du Roi, et sous les yeux duquel se fait cette nouvelle Edition, que les Communautés sont redevables de l'enregistrement de leurs Réglements dans les différens Parlemens : ils n'avoient d'abord été enregistrés qu'à Paris ; mais les difficultés continuelles qui naissoient du défaut de cette formalité dans le reste du Royaume, faisoient désirer depuis longtemps qu'elle fut également remplie dans tous les autres Parlemens : c'est ce qui a été fait en 1752.

On a cru devoir mettre ici en tête l'Edit du mois de septembre 1723, comme étant la base sur laquelle sont fondés les présens Réglements.

EDIT DU ROY

Portant rétablissement des Lieutenans et Greffiers du Premier Chirurgien du Roi.

Donné au mois de septembre 1723.

Louis, par la grâce de Dieu, Roy de France et de Navarre : A tous présens et à venir, Salut. Le feu Roi de glorieuse mémoire, notre très honoré seigneur et Bisayeul, a créé par Edit des mois de Mars 1691 et Février 1692, en titres d'offices formés et héréditaires, deux Jurés dans chacune Communauté des Maîtres Chirurgiens des Villes de notre Royaume où il y a Parlement ou autre cours, Archevêché, Evêché, Présidial ou Baillage principal, et un dans chacune des autres Villes, Bourgs et Lieux de notre Royaume, pour faire et jouir des mêmes fonctions, juridictions, Droits utiles et honorifiques que ceux dont avoient droit de jouir les Lieutenans et Greffiers qui étoient nommés et commis par notre Premier Chirurgien. Et d'autant que nous sommes informés que l'établissement desdits offices créés à titres héréditaires a produit une infinité d'abus, soit qu'ils ayent été réunis aux Communautés, ou qu'ils ayent été levés par des Particuliers; ceux qui en font les fonctions, recevans souvent à la Maîtrise des Aspirans peu capables, en considération des sommes qu'ils en exigent ; que d'ailleurs ceux auxquels ces offices passent à titre d'hérédité, sont souvent eux-mêmes incapables d'examiner et de connaître la capacité des aspirans qui se présentent à la Maîtrise de la Chirurgie, à la perfection de laquelle nous croyons ne pouvoir apporter trop d'attention. A ce causes, et autres considérations à ce nous mouvans et de notre certaine science, pleine puissance et autorité Royale, nous avons par le présent Edit, signé de notre main, désuni et désunissons à toujours desdits offices de Chirurgiens-Jurés, créés par les Edits des mois de Mars 1691 et Février 1692 soit titulaires ou réunis aux Communautés, tous les Droits, Fonctions, Prérogatives et Emolumens dont jouissoient ci-devant les Lieutenans et Greffiers, lesquels seront à l'avenir et toujours, à compter du jour et date de ces Presentes, nommés et commis par notre Premier Chirurgien dans les Communautés des Maîtres Chirurgiens de chaque Ville de notre Royaume, où il y a *Archevêché, Evêche, Parlement, Chambre des Comptes, cour des Aydes, Présidial, Baillage et Senechaussée, ressortissans nuement en nos Cours*, pour être lesdits Lieutenans Choisis par notre dit Premier Chirurgien dans le nombre de trois Maîtres de Chacune Communauté, dont les noms et surnoms lui seront envoyés à cet effet par les Echevins, Jurats, Capitouls, Mayeurs ou autres Officiers Municipaux desdites Villes, un mois après la publication du présent Edit, sinon et ledit tems passé, Permettons à notre dit Premier Chirurgien de nommer tel Maitre qu'il avisera bon être, ainsi qu'il se pratiquait avant la création desdits Jurés, et en cas de vacance par mort ou autrement desdits Lieutenans et Greffiers, ordonnons que lesdits Echevins, Jurats, Capitouls, Mayeurs et autres Officiers Municipaux, seront tenus aussi, dans un mois du jour de ladite vacance, d'envoyer à notre Premier

Chirurgien les noms des trois Maîtres qu'ils doivent lui présenter, faute par eux d'y satisfaire; et ledit tems passé, permettons pareillement à Notre Premier Chirurgien de nommer tel Maitre qu'il avisera bon être pour remplir la place vacante, et jusqu'à ce que lesdits Lieutenans, Greffiers ou Commis ayent été reçus et installés; ordonnons qu'il sera surcis à toutes réceptions de Maitres, à peine la nullité d'icelles, de trois cents livres d'amende contre ceux qui auront procédés auxdites réceptions, et de la restitution des sommes qu'ils auront recues des Aspirans, et en cas de vacance desdits Lieutenants, les *Aspirans pourront se faire examiner en présence de notre Premier Chirurgien, ou en celle de son Lieutenant en la Chambre de Saint-Côme à Paris, avec tels Maitres de ladite Ville qu'il jugera à propos, pour en cas de capacité, leur être délivré Lettres de Maitrise pour les Villes où ils s'étoient présentés pour s'établir*, si mieux n'aiment lesdits Aspirans attendre que notre Premier Chirurgien ait nommé à la place de Lieutenans et Greffiers vacante, ce qu'il sera tenu de faire dans trois mois du jour de la vacance. — Voulons que lesdits Aspirans soient reçus conformement à l'Edit du mois de février 1692, par devant les Médecins Royaux, auquel Edit Nous n'avons point dérogé à cet égard. Jouiront lesdits Lieutenans et Greffiers de toutes Prérogatives, Fonctions, Juridictions, Droits utiles et honorifiques dont ils jouissoient avant la création desdits Jurés, ensemble de l'exemption de *Collectes, Tutelle, Curatelle, Guet et Garde, Logemens de Gens de Guerre, et de toutes Charges de Ville et Publique.* Et d'autant que par Edit du mois de Mars 1707, il a été fait un Règlement pour l'étude et exercice de la Médecine, et qu'il n'est pas moins important de régler les tems d'apprentissage, le nombre et la forme des Actes et des expériences pour parvenir à la Maîtrise de chirurgien, en établissant dans toutes les Communautés de Chirurgiens de notre Royaume, des règles uniformes ; ordonnons qu'il sera incessament dressé des Statuts en chacune desdites Communautés de Chirurgiens de notre Royaume, pour *après avoir été par Nous sur l'avis de notre Premier Chirurgien et revêtus de nos Lettres Patentes être ensuite exécutés*, et que cependant et par provision, les Statuts de la Communauté des Maîtres Chirurgiens de la Ville de Versailles, attachés, sous le contre-scel du présent Edit seront exécutés selon leur forme et teneur, dans tous les lieux où il y aura Communauté, et un Lieutenant de notre Premier Chirurgien, à la réserve et exception de notre bonne Ville, Fauxbourgs et Banlieu de Paris où les Statuts et Règlements faits pour ladite Ville continueront d'être exécutés selon leur forme et teneur. Si donnons en mandement à nos amés et féaux Conseillers les Gens tenant notre Cour des Aydes à Paris, que notre présent Edit ils ayent à faire lire, publier et registrer, et le contenu en icelui garder et exécuter selon sa forme et teneur : Car tel est notre plaisir. Et afin que ce soit chose ferme et stable à toujours, Nous y avons fait mettre notre Scel. Donné à Versailles au mois de septembre l'an de grâce mil sept cent vingt trois, et de notre Règne le neuvième. *Signé* Louis. *Et plus bas*, par le Roi, Phelpeaut. *Visa*, Fleuriau. Vû au Conseil, Dodun. Et scellé du grand Sceau de cire verte, en lacs de soye, rouge et verte.

Registrées en la Cour des Aydes, oui et ce requérant le Procureur Général du Roi, pour être exé-

cutées selon leur forme et teneur et copies collationnées d'icelles envoyées ès Sièges des Elections du Ressort de la Cour pour y être lues, publiées et registrées l'Audience tenant. Enjoint aux Substituts du Procureur Général du Roi esdits Sièges d'y tenir la main et de certifier la Cour de leurs diligences au mois. Fait à Paris en la première Chambre de la dite Cour des Aydes le dixième jour de Janvier mil sept cent vingt six. Collationné. *Signé* Robert.

Cet édit a été aussi enregistré dans tous les Parlements du royaume pour être exécuté selon sa forme et teneur. Il a été également enregistré aux Conseils supérieurs de Roussillon et d'Alsace.

NOTE

Les exemptions attribuées par l'Edit de 1723, aux Lieutenants et Greffiers du Premier Chirurgien du Roi leur ont encore été confirmées depuis par différens Arrêts du Conseil notamment par un Arrêt du Conseil du 8 janvier 1737, qui en conséquence dudit Edit décharge les Srs *Doucet et Philippes*, lieutenant et greffier du Premier Chirurgien du Roi à Seès de la Collecte de la Taille de cette Ville à laquelle ils avoient été nommés.

Par un autre Arrêt aussi du Conseil du 26 mars 1737 qui décharge le Sr *Guiot*, Lieutenant du Premier Chirurgien du Roi à *Pontivy*, du Logement des gens de Guerre, de la fourniture d'Ustensiles pour les Trouppes de la Recette de la Capitation pour ladite Ville, et qui ordonne au surplus qui ledit Sr *Guiot* jouira de toutes les autres exemptions attribuées aux Lieutenants du Premier Chirurgien du Roi, par l'Edit du mois de septembre 1723.

L'ordonnance du 25 juin 1750, qui restreint à plusieurs égards les exemptions de Logement des Gens de Guerre ayant donné lieu de troubler quelques-uns des Lieutenans et Greffier du Premier Chirurgien du Roi dans la Jouissance de ce Privilège, sur le prétexte qu'ils devoient être compris dans les restrictions dont cette Ordonnance fait mention, M. de la Martinière fit à ce sujet ses représentations à sa Majesté ; en conséquence desquelles Monseigneur le Comte d'Argenson écrivit à Messieurs les Intendants des Provinces la Lettre qui suit :

« M. de la Martinière, Premier Chirurgien du Roi, « ayant, Monsieur supplié Sa Majesté de maintenir ses « Lieutenans et Greffiers dans l'exemption du Loge« ment de Gens de Guerre, dont ils jouissoient ci« devant dans les Provinces en exécution de l'Edit « du mois septembre 1723, Sa Majesté m'a ordonné de « vous mander que vous eussiez à en user sur cet Article « à leur égard ainsi, et de la même Manière qu'il se pra« tiquoit avant la publication de l'Ordonnance du 25 « juin 1750, Je suis, etc. »

Signé : M. P. de Voyer d'Argenson.

Cette Lettre est datée de Compiègne le 23 juillet 1751.

Statuts et réglemens pour les communautés de Chirurgiens des Provinces.

TITRE PREMIER

Des Droits et Prérogatives du Premier Chirurgien.

ARTICLE PREMIER

Les Statuts, Priviléges et Ordonnances accordés au Premier Chirurgien du Roi, ses Lieutenans et Commis; Arrêts et Réglemens donnés en vertu d'iceux, seront observés : en conséquence le Premier Chirurgien du Roi, en qualité de *Chef et Garde de Chartres, Statuts et Privilèges de la Chirurgie*, continuera par lui, ou par ses Lieutenans d'exercer la *Jurisdiction* sur toutes les Communautés de Chirurgiens du Royaume, sans exception d'aucune Province, ni *Colonies* : comme aussi sur tous les Chirurgiens non établis en Corps de Communautés, et d'avoir *ses droits utiles* à chaque réception d'Aspirant, ainsi qu'ils seront réglés ci-après.

II

Tous ceux qui exercent quelque partie de la Chirurgie, seront pareillement soumis la Jurisdiction du Premier Chirurgien du Roi et de ses Lieutenans, et jouiront, tant le Premier Chirurgien que ses Lieutenans, du droit de faire assembler toutes les Communautés pour les affaires d'icelles, ensemble pour les actes nécessaires à la réception des Aspirans, de *presider* à leurs Assemblées, d'y porter le premier la parole, de recueillir les voix, de prononcer, de recevoir le serment, d'entendre les comptes des Prévôts et Receveurs, comme aussi feront observer la discipline, les Statuts et Réglemens concernant la Chirurgie.

III

Le Lieutenant du Premier Chirurgien dans chacune Communauté de Chirurgiens, sera toujours choisi par le Premier Chirurgien dans le nombre de trois Maîtres d'icelle Communauté, ou aggrégés à icelle, qui lui auront été présentés par les Maire et Echevins, Jurats et Consuls, conformément à l'Edit de Septembre 1723. Le Greffier sera l'un des Maîtres de la Communauté qui entendra les Affaires; et en cas qu'il ne s'en trouve point de cette qualité, telle autre personne d'honnête (1) profession et de bonnes vie et mœurs, avec la capacité requise: lequel Greffier ainsi choisi par le Premier Chirurgien, sera obligé d'exercer par lui-même son emploi; et lorsque le Greffier sera l'un des maîtres Chirurgiens, il continuera de jouir de tous ses droits en qualité de Maître Chirurgien, sauf en cas d'absence ou incompatibilité de fonctions, lorsque le Greffier se trouvera l'un des Interrogateurs ou autrement, à com-

(1) On voit par les termes de cet Article qu'il n'est pas nécessaire que le Greffier soit Chirurgien, cependant il s'est trouvé plusieurs Communautés qui ont voulu exiger qu'un de leurs Membres fût pourvû du Greffe, notamment à Villefranche de Beaujolois; mais sur les difficultés des Chirurgiens, est intervenu Arrêt du Parlement de Paris, le 30 Décembre 1739, qui maintient le sieur *Prolas*, Procureur au Bailliage de ladite Ville, et Greffier du Premier Chirurgien du Roi, dans tous les droits attribués à cette place de Greffier. Il y a eu plusieurs autres Arrêts rendus sur ce même sujet.

mettre par le Lieutenant l'un des autres Maîtres pour Greffier.

IV

Les Lieutenans du Premier Chirurgien établis dans les Villes ou lieux où il y a des Bailliages, Sénéchaussées et autres Jurisdictions ressortissans nuement en nos Cours de Parlement, auront inspection sur les Chirurgiens établis dans l'étendue de la Jurisdiction (1); mais si dans le ressort de la Jurisdiction il se trouve

(1) Dans le grand nombre de difficultés et de contestations qui se sont élevées jusqu'ici sur l'objet des districts des Communautés de Chirurgiens, ou ce qui est la même chose, sur les départemens des Lieutenans du Premier Chirurgien du Roi, il paroît qu'on ne s'est point assez arrêté aux dispositions de cet Article IV. Elles fixent cependant d'une manière très précise l'étendue des Lieux qui doivent être soumis à l'inspection et à la Jurisdiction de chaque Lieutenant. En effet il en résulte clairement :

1° Que la Règle générale est que les Lieutenans ayent pour département le Ressort des Bailliages ou Sénéchaussées dans lesquels ils sont établis.

2° Que si dans le Ressort des Bailliages ou Sénéchaussées, il se trouve d'autres Lieutenans ; ces derniers doivent aussi avoir pour Département l'étendue des Justices des Villes pour lesquelles ils sont nommés.

3° Que dans ce cas par conséquent, le Lieutenant établi dans le Chef Lieu du Bailliage ou de la Sénéchaussée, ne peut plus prétendre jouir de tout le Ressort de ces Sièges ; mais qu'il en faut démembrer les Lieux dépendans des Justices subalternes, pour former les Départemens des Lieutenances qui y seroient fixées.

Lors de la rédaction de ces Statuts, comme il devoit y avoir un Lieutenant dans chacune des Villes où les Chirurgiens se trouvoient au nombre de six, ces sortes de démembremens devenoient très fréquens. Mais maintenant que par la Déclaration du 3 Septembre 1736, le Premier Chirurgien ne doit plus nommer ses Lieutenans que dans les Bailliages, Sénéchaussées ou autres Cours supérieures, et dans *les Villes Episcopales*, la règle générale qui détermine le Ressort des Lieutenances par celui des Bailliages ou Sénéchaussées, ne peut plus souffrir d'exceptions que lorsque dans le Ressort de ces Sièges, il se rencontre des *Evêchés* ; et dans ce cas, ce doit être, suivant ce même Article IV des Statuts, la Justice particulière de la Ville Episcopale qui fixe le Département du Lieutenant qui y est établi, sans que le Lieutenant *commis dans le Chef-Lieu de la Sénéchaussée ou du Bailliage, puisse exercer aucune Jurisdiction sur les lieux qui dépendent de cette Justice subalterne*.

Ainsi, par exemple, le Lieutenant de Nismes ne peut prétendre aucune inspection sur les Chirurgiens de la Viguerie d'Usez quoiqu'elle relève de la Sénéchaussée de Nismes, parce qu'Usez étant

des Villes et lieux où il y ait Communauté de Chirurgiens, aux termes de l'Article IX. ci-après, et où par ce moyen il y ait un Lieutenant, le Lieutenant aura Jurisdiction sur les Chirurgiens de l'étendue de la Jus-

---

une Ville Episcopale, et par cette raison susceptible de l'établissement d'un Lieutenant, sa Viguerie forme de droit le Département de ce Lieutenant, et ainsi des autres.

On ne peut s'empêcher de se fixer à ces Regles pour éviter à l'avenir tous les debats et les discussions qui ont divisé jusqu'ici Messieurs les Lieutenans par rapport à la détermination de leurs Départemens respectifs. Outre qu'elles sont absolument conformes à l'Article que nous expliquons, elles sont de plus tres clairement fondées sur la Declaration du 3 Septembre 1736, qui dans les motifs qu'elle contient pour le rétablissement des dispositions de l'Edit de 1723. (Voyez cette Déclaration à la suite des Statuts), apporte pour principale raison celle *de déterminer par l'étendue de chaque Siége, le district de chacun des Lieutenans et Greffiers.*

Il suit de là bien clairement que les Lieutenans commis pour les Villes Episcopales ne peuvent jouir de toute l'étendue de leurs Diocéses, si ces Diocéses, comme il arrive ordinairement, n'ont pas les mêmes bornes que la Justice de ces Villes.

En effet, outre qu'aucun Réglement ne donne à entendre que les districts des Lieutenances seront réglés par l'étendue des Evêchés, l'expérience n'a que trop prouvé que les Départemens ainsi mélangés des Lieux d'un Diocése avec ceux des Bailliages et Sénéchaussées, ou de ceux des Bailliages et Sénéchaussées, avec les Diocéses, font une source interminable de Proces et de contestations. Il faut sur cet objet une regle fixe, et on ne peut en établir d'autre que celle de *déterminer par le Ressort de chaque Justice, le district des Lieutenances du Premier Chirurgien du Roy.*

Il n'y a d'excepté de cet arrangement que la seule Lieutenance de Toulouse, qui se trouvant fixée au Diocése de cette Ville, par Arrêt du Conseil du 31 Juillet 1731, fondé sur des raisons particulières, doit conserver ce même Département, avec d'autant plus de raison qu'il se trouve confirmé par les Statuts particuliers donné en faveur de la Communauté des Chirurgiens de cette même Ville. Mais cette exception qui est unique, bien loin de donner atteinte aux regles générales, ne fait que les confirmer, puisque par l'Arrêt rendu à ce sujet, il n'étoit pas question d'étendre la Lieutenance de Toulouse, mais bien plutôt d'en restreindre les bornes que le Lieutenant prétendoit reculer au préjudice des Réglemens.

Au reste, l'intention de M. le Premier Chirurgien n'est pas que Messieurs ses Lieutenans se servent de cette observation pour rien changer dans le moment présent aux usages des Communautés fondés sur les arrangemens faits par ses Prédecesseurs. Il souhaite au contraire qu'ils s'en tiennent exactement pour le bien de la paix, à ces usages, jusqu'à ce que les mutations qui pourront arriver dans ses Lieutenances, le mettent à portée de faire rentrer insensiblement les choses dans l'ordre prescrit par cet Article.

tice du lieu où il sera établi, sans que le Lieutenant commis dans le lieu du Bailliage, Sénéchaussée, ou autre Justice ressortissant nuement en nos Cours de Parlement puisse y exercer aucune Jurisdiction.

V

La Déclaration du 25 août 1715 sera exécutée selon sa forme et teneur ; en conséquence toutes les contestations qui pourroient être formées au sujet des droits utiles et honorifiques de la Charge de Premier Chirurgien du Roi, ses Lieutenans, Greffiers et Commis, de quelque nature qu'elles puissent être, seront portées directement en la Grand'-Chambre du Parlement de Paris, à l'exception de celles qui pourroient naître dans l'étendue de nos Colonies, lesquelles seront portées en première Instance devant les Juges qui y sont établis, et en dernière aux Conseils supérieurs qui y sont pareillement établis. Ne pourront néanmoins, sous prétexte de cette attribution, les Lieutenans du Premier Chirurgien du Roi, Greffiers ou Commis, porter ou faire évoquer en la Grand'-Chambre du Parlement de Paris *leurs autres causes, contestations ou affaires personnelles, ou celles qui ne concerneront que la Police ou l'exécution des présens statuts, sans aucun rapport à leurs droits et privilèges.*

TITRE DEUXIÈME

Des Droits des Maîtres Chirurgiens.

VI

Aucunes personnes, de quelque qualité et condition qu'elles soient, ne pourront exercer la Chirurgie en aucun lieu, à moins d'être reçus Maîtres (1), soit pour les Villes où il y aura Communauté, soit pour les Villes où il n'y en aura point, soit pour les Bourgs et Villages, suivant et conformément aux Titres V et VII des présens Statuts ; défenses à tous autres d'exercer conjointement ou séparément quelques-unes des parties de la Chirurgie, même à tous Ecclésiastiques, Séculiers ou Réguliers, Religieux ou autres, de faire aucunes incisions, opérations, ni pansemens, à peine de cinq cent livres d'amende, même de plus grande peine s'il y échet en cas de récidive, sans qu'aucunes personnes de quelques qualité et condition qu'elles soient puissent en accorder la faculté sous quelque prétexte que ce puisse être (2). Ne pourront aussi les Chirurgiens reçûs pour une Ville où il y aura Communauté, s'établir dans une autre Ville où il y aura Communauté, sans se faire aggréger en icelle, ainsi qu'il sera ordonné au Titre des Aggrégations; et pareillement ceux qui auront été reçûs pour une Ville où il n'y a point de Communauté, ne pourront s'établir dans aucune Ville où il y ait Communauté sans s'y faire

(1) Les défenses portées dans cet Article, à l'exception de l'amende de 500 livres, sont conformes à celles des Articles XXVI et XXVII des Statuts des Chirurgiens de Versailles. Voici les termes du premier. « Nulles personnes, de quelque qualité et condi- « tion qu'elles soient, ne pourront exercer la Chirurgie dans la « Ville de Versailles, soit en Boutique, en Chambre, Palais, Hôtels « ou autres lieux particuliers, Privilégiés ou prétendu tels, pour « quelques causes, prétextes et occasions que ce soit, s'ils ne sont « Membres de ladite Communauté ; défenses à tous autres d'exer- « cer conjointement ou séparement quelques-unes des Parties de « la Chirurgie, sous telle peine qu'il appartiendra. »

Le second porte que, pareilles défenses seront faites à tous Seculiers ou Reguliers, Prêtres, Abbés, Prieurs, Religieux, Apothicaires et tous autres de faire aucunes incisions ni pansemens dans la Ville de Versailles, etc.

(2) L'Article III de l'Arrêt du Conseil du 28 septembre 1749, inseré à la suite de ces Statuts, défend aussi formellement aux Gouverneurs des Provinces, Lieutenans-Généraux et Gouverneurs des Villes d'accorder, sous quelque prétexte que ce soit, aucune permission de faire exercer la Chirurgie dans les lieux dépendans de leurs Gouvernemens. *Voyez* cet Arrêt.

recevoir dans la forme qui sera prescrite au Titre des Réceptions (1) ; de même ceux qui n'auront été reçus que pour de simples Paroisses ne pourront exercer leur profession dans aucunes Villes, mais auront la liberté de s'établir dans les Bourgs et simples Paroisses où ils jugeront à propos ; le tout à la charge de l'exception portée par l'Article LXVII des présens Statuts.

VII

Ceux qui exerceront purement et simplement la Chirurgie, seront réputés exercer un Art libéral, et jouiront de tous les Privilèges attribués aux Arts libéraux (2).

(1) Il est clair par cette disposition que les Chirurgiens reçus pour les Bourgs et Villages, et même pour des Villes où il n'y a point Communauté, ne sont pas dans le cas de l'Aggrégation. Lorsqu'ils veulent s'établir dans un lieu où il y a Communauté, ils doivent satisfaire à toutes les conditions prescrites pour les autres Aspirans, c'est-à dire subir le même nombre d'Actes et payer les mêmes droits, à l'exception seulement de ceux de leur première réception dont il doit leur être tenu compte, quand même ils auroient été reçus dans une Communauté différente. *Voyez* l'Article VII *de la Declaration concernant l'Aggrégation des Chirurgiens* inséré à la fin des Statuts. Si ces Chirurgiens vont s'établir dans un autre Bourg ou un Village de même nature que celui pour lequel ils ont eté reçus, situé dans le ressort d'une autre Communaute, ils doivent se faire recevoir de nouveau dans cette derniere Communauté. Les statuts ne prescrivent aucune diminution dans les droits de cette seconde réception ; mais comme il paroît juste que la premiere produise quelqu'avantage à l'Aspirant, M. le Premier Chirurgien exhorte ses Lieutenans, à engager leurs Communautés de recevoir ces Aspirans pour la moitié des droits ordinaires.

(2) Cet Article a été confirmé par les Lettres-Patentes du 18 août 1756, qui, en déclarant les Maîtres en Chirurgie notables Habitans des Villes de leur résidence, leur attribuent les droits, honneurs et privilèges dont jouissent les autres notables Bourgeois. *Voyez* ces Lettres Patentes à la suite des Statuts.

TITRE TROISIÈME

De la forme des Communautés et de leurs Assemblées.

VIII

Les Communautés de Chirurgiens soumises aux présens Statuts seront indépendantes les unes des autres.

IX

Dans toutes les Villes où il aura un Lieutenant du Premier Chirurgien, le Lieutenant et les Maîtres Chirurgiens de ces Villes formeront, en vertu des présens Statuts, une Communauté qui aura les mêmes Priviléges que les autres Communautés.

X

Chaque Communauté sera à l'avenir composée du Lieutenant du Premier Chirurgien, *d'un Prévôt s'il y a au-dessous de vingt Maîtres, et de deux s'il y en a vingt et au-dessus;* d'un Doyen et de tous les autres Maîtres Chirurgiens reçus ou aggrégés dans la Communauté, et d'un Greffier, lesquels seront inscrits sur un Tableau dans l'ordre ci-dessus, en observant entre les Maîtres qui ne sont point Officiers, celui de leur réception.

XI

Il y aura dans chaque Communauté deux sortes de Registres : Sçavoir, un Registre des Réceptions où seront transcrits les Actes d'apprentissages, et tous les Actes concernant les réceptions des Aspirans, et un autre des délibérations où seront inscrits les Actes concernans les délibérations sur toutes les affaires de chaque Communauté ; lesquels Registres seront *cottés et paraphés par première et dernière feuille, par le Lieutenant du Premier Chirurgien du Roi*, et contiendront tous les Actes de suite par ordre de date, *sans y laisser aucun blanc*, à peine de cinquante livres d'amende *contre le Greffier pour chaque contravention*.

XII

Tous les anciens Registres, Titres et Papiers de chaque Communauté, seront enfermés dans un Coffre ou Armoire, sous trois différentes clefs, dont le Lieutenant, le Greffier, et le Prévôt en charge auront chacun une. A l'égard des Registres courans des réceptions et délibérations, ils seront entre les mains du Greffier qui en sera chargé pendant trois années, après lequel tems ils seront clos par le Lieutenant, le Prévôt en charge et le Greffier, et renfermés ensuite avec les anciens Titres.

XIII

Sera envoyé au commencement du mois de Janvier de chaque année au Premier Chirurgien du Roi, à la diligence de son Greffier dans chaque Communauté, un état signé par le Lieutenant des noms des Aspirans qui auront été reçus Maîtres pendant l'année précédente, et de tous les maîtres de la Communauté, à commencer du premier Janvier prochain, à peine de cinquante livres d'amende contre le Greffier, et de déchéance de ses Privilèges pendant deux années.

XIV

Chaque Communauté conviendra d'une Chambre commune où toutes les assemblées seront faites, à *peine de nullité*, soit pour les délibérations de la Communauté, élection des Prévôts, redditions des comptes, soit pour les épreuves et réceptions, *même pour l'installation des Lieutenans et Greffiers*, ensemble pour toutes les affaires de la Communauté, lesquelles Assemblées seront convoquées sur le *Mandement du Lieutenant du Premier Chirurgien* ou du Prévôt en cas de vacance de la place de Lieutenant, ou de son refus, trois jours après la sommation qui lui en aura été faite (1).

XV

Dans toutes les Assemblées générales ou particulières, le Lieutenant du Premier Chirurgien aura la première place, ensuite les Prévôts, le Doyen et les autres Maîtres suivant le rang de leur réception ; à l'égard des Consultations, les avis seront donnés d'abord par les plus jeunes, ensuite en rétrogradant par les autres Maîtres ; tous porteront honneur et respect au Lieutenant du Premier Chirurgien, aux Prévôts en Charge, au Doyen et à tous leurs Anciens. En cas de contravention au présent article, les Contrevenans seront exclus des entrées de la Chambre commune pour le temps qui sera déterminé *à la pluralité des voix*.

XVI

Après l'exposition du sujet de l'Assemblée faite par le Lieutenant du Premier Chirurgien, ou par le Prévôt

(1) L'Article XVII des Statuts des Chirurgiens de Versailles contient les mêmes dispositions.

qui présidera en son absence, *chaque Maître ne pourra parler qu'à son rang*, lorsque son nom sera appellé par le Greffier; le tout à peine de *cinq livres d'amende* pour la première fois, de *vingt livres* pour la seconde; en cas de récidive, il sera privé des entrées de la Chambre commune et de tous ses émolumens.

XVII

Dans toutes les Assemblées *les opinions seront prises par le Lieutenant du Premier Chirurgien*, en commençant par les Prévôts en Charge, par le Doyen, par les Maîtres qui ont passé les Charges, par les autres Maîtres suivant l'ordre de leur réception; ensuite le Lieutenant du Premier Chirurgien donnera son avis, il *comptera les suffrages*, et la délibération qu'il prononcera *sera transcrite sur les Registres par le Greffier, ainsi qu'elle aura passé à la pluralité des voix*; et en l'absence du Lieutenant du Premier Chirurgien, le plus ancien des Prévôts en Charge présidera, recueillera les voix, prononcera les délibérations, qui seront dans ce cas signées par tous les Assistans.

XVIII

Le lieutenant du Premier Chirurgien, les Prévôts en Charge, le Doyen et le Greffier s'assembleront en la Chambre commune tous les Lundis de chaque semaine trois heures de relevée, pour traiter les affaires communes, police et discipline qui concerneront les Maîtres, Veuves, Apprentifs, Garçons et tous ceux qui sont soumis à la Communauté; et s'il survenoit des affaires urgentes ou importantes, tous les Maîtres de la Communauté seront mandés extraordinairement par billets du Lieutenant du Premier Chirurgien, et tenus de se trouver en la Chambre commune au jour et heure qui leur auront été indiqués, à peine de *trois livres d'amende*, sinon en cas de maladie ou une autre cause légitime.

XIX

On ne pourra faire aucun emprunt, obligation, ni dépense extraordinaire, qu'en vertu d'une délibération faite dans une Assemblée générale de tous les Maîtres de la Communauté *à la pluralité des suffrages*, et homologuée par le Lieutenant Général de Police, à peine par les Prévôts d'être responsables desdits emprunts et dépenses extraordinaires en leur propre et privé nom.

XX

Les deniers de la bourse commune seront employés pour acquitter les charges ordinaires et annuelles de la Communauté, suivant l'état qui en sera arrêté dans une Assemblée de la Communauté, lequel état sera homologué par le Juge de Police sur les conclusions du Procureur du Roi, ou du Procureur Fiscal du lieu de ladite Communauté ; et s'il restoit des deniers après l'acquittement des charges ordinaires et annuelles, il n'en pourra être fait emploi qu'en vertu d'une délibération de la Communauté fondée sur des raisons justes et nécessaires, laquelle délibération sera pareillement homologuée par le Juge de Police sur les Conclusions du Procureur du Roi ou du Procureur Fiscal ; et au défaut des délibérations et homologations ci-dessus, les dépenses faites par les Prévôts seront rayées dans les comptes qu'ils seront tenus de rendre de leur administration dans une Assemblée de la Communauté ; lesquels comptes, en cas de difficulté, seront examinés, vûs et approuvés, si faire se doit, sinon réformés par le même Juge de Police, ou le Procureur du Roi, ou le Procureur Fiscal, avant qu'ils puissent être exécutés ; et sera lors payé pour tous droits et vacations aux Juges, sçavoir, six livres au Lieutenant de Police, et quatre livres au Procureur du Roi, ou au Procureur Fiscal pour chacune homologation ou *visa* de compte, lequel droit aura pareillement lieu pour toutes les autres homologations requises et nécessaires.

XXI

Lorsque les Maîtres et Veuves des Maîtres, Apprentifs, Compagnons et autres qui sont soumis à la Communauté, seront mandés par le Lieutenant du Premier Chirurgien, ou par les Prévôts en charge en l'absence du Lieutenant, pour se trouver aux Assemblées, ils seront tenus de s'y rendre à peine d'amende, et autres peines qu'il appartiendra qui seront prononcées par les Officiers de Police des lieux, sur l'avis du Lieutenant et des Prévôts en Charge (1).

XXII

Dans les Hôpitaux des Villes où il n'y a point de Chirurgiens ordinaires, les Lieutenans du Premier Chirurgien, et les Prévôts en Charge nommeront, de mois en mois, deux d'entre les Maîtres de la Communauté sçavoir, un ancien en réception, et l'autre du nombre des Jeunes, qui seront choisis à tour de rôle, pour se trouver tous les jours à l'Hôpital de la Ville et y panser gratuitement les pauvres malades, le tout sans rien innover, par rapport aux lieux où il y a des Médecins et Chirurgiens ordinaires des Hôpitaux.

(1) Cet article est le XIe des statuts des chirurgiens de Versailles.

XXIII

Lorsqu'il sera nécessaire de choisir et nommer un garçon chirurgien pour servir les pauvres dans l'Hôpital de la ville en qualité de premier compagnon, on admettra ceux qui se présenteront *au concours* en observant qu'ils soient de bonnes vie et mœurs, qu'ils ayent au moins vingt ans, qu'ils ayent travaillé pendant deux années ou dans les hôpitaux ou chez les maîtres, soit dans la ville, soit dans une autre ville où il y ait Communauté, et seront les compagnons examinés par le Lieutenant du premier Chirurgien, les Prévôts en charge, en présence des Gouverneurs et Administrateurs de l'Hôpital, du Substitut du procureur Général du Roi, s'il y a lieu, ou du Procureur Fiscal s'il n'y a point de Substitut, des Médecins de l'Hôpital, même du Doyen de la Faculté de médecine, s'il y en a une dans ce lieu, et sera choisi parmi ceux qui auront été examinés, celui qui sera jugé le plus capable de panser les malades de l'hôpital pendant six années entières et consécutives (1).

XXIV

Ne pourront néanmoins les Compagnons, après les six années accomplies, exercer la Chirurgie dans la Ville jusqu'à ce qu'ils aient été reçus dans la Communauté des Maîtres Chirurgiens, en faisant seulement une légère expérience, comme il sera spécifié en l'article LXIX et au moyen de leur aggrégation, ils joui-

---

(1) Cet article est conforme aux dispositions d'un arrêt du Conseil du 25 juillet 1722, concernant les Gagnans Maîtrise dans les Hôpitaux de Paris.

ront des mêmes droits et émolumens que les autres Maîtres de la Communauté (1).

XXV

Chaque Communauté fera démontrer publiquement dans sa Chambre commune *par l'un des anciens Maîtres qu'elle nommera tous les ans*, l'Anatomie, l'Ostéologie, et toutes les opérations de la Chirurgie ; et en cas qu'elle ne puisse avoir un sujet humain, la démonstration se fera sur un sujet desséché, et sur des animaux pour les opérations du bas-ventre et de la poitrine, et sur la tête d'un veau pour le trépan, et sera payé au Démonstrateur cinquante livres sur les deniers de la bourse commune. Défenses aux Barbiers-Perruquiers, ensemble à leurs Garçons d'y entrer à peine d'amende, et aux Garçons, Chirurgiens avec épées, cannes ou bâtons ; enjoint à eux de s'y comporter avec respect, à peine de punition exemplaire, et d'être procédé extraordinairement contr'eux devant le lieutenant de Police.

TITRE QUATRIÈME

De l'Election des Prévôts.

XXVI

Dans toutes les Communautés de Chirurgiens qui seront au-dessous de vingt Maîtres, sera tous les ans,

(1) Les Gagnans Maîtrise, après leur tems de service expiré, sont tenus de se faire aggréger par les Communautés pour avoir le droit d'exercer la Chirurgie dans le Public. Cette aggrégation ne consiste que dans un examen de trois heures sur les principales parties de la Chirurgie. A l'égard des droits que les Gagnans Maîtrise doivent payer, ils sont le quart de ceux que payent les autres Aspirans, à l'exception de la bourse commune, dont ils doivent payer la moitié. *Voyez* l'Article LXIX.

sur les *Mandemens ou Billets du Lieutenant du Premier Chirurgien*, fait élection d'un Prévôt *à la pluralité des voix des Maîtres* qui composeront l'Assemblée, laquelle se fera l'un des jours du mois de Mars, et aucun ne pourra être Prévôt qu'après quatre années de réception.

XXVII

Le Prévôt élu sera Receveur pendant l'année de son exercice, *il prêtera serment* entre les mains du Lieutenant, laquelle prestation sera enregistrée par le Greffier dans le Registre des Délibérations, il en fera les fonctions en vertu de la commission qui lui en sera délivrée par le Greffier.

XXVIII

Les fonctions du Prévôt seront de gérer les affaires de la Communauté, de recevoir les deniers communs, de payer les dépenses et frais ordinaires, de veiller avec le Lieutenant du Premier Chirurgien, à l'observation des Statuts et de la discipline de la Chirurgie, d'empêcher qu'aucun Particulier ne l'exerce sans Titre, et que les autres ne tombent dans des abus ou malversations; et en cas de contravention, après avoir pris l'avis du Lieutenant du Premier Chirurgien, ou à son refus, après sommation à lui faite, de poursuivre les Réfractaires pardevant le Lieutenant de Police, ou en cas qu'il n'y en ait point dans le lieu, devant le Juge ordinaire à qui la Police appartient, le tout suivant les Edits, Déclarations et Statuts (1).

(1) On voit par cet Article que si le lieutenant du Premier Chirurgien du Roi néglige de poursuivre ceux qui exercent la Chirurgie sans titre, le Prévôt doit le faire au nom de la Communauté, après avoir toutefois sommé le Lieutenant d'y procéder.

XXIX

Dans les Communautés qui seront ordinairement composées de vingt Maîtres et au-dessus, il y aura deux Prévôts, dont les fonctions dureront deux ans ; sera élu un Prévôt tous les ans pour remplacer celui qui sortira de fonction. *L'ancien aura les mêmes droits que le Prévôt dans les Communautés où il n'y en a qu'un* (1).

XXX

Le Lieutenant et les Prévôts en charge feront célébrer le Service Divin en telle Eglise qu'ils trouveront à propos, consistant en premières Vêpres, la veille de Saint-Côme, une Messe solemnelle, Vêpres, Salut le jour de la Fête, et un Service le lendemain pour le repos des Ames des défunts Confréres, où tous les Maîtres seront tenus d'assister, sinon en cas de maladie ou de cause légitime.

XXXI

Le Prévôt ne pourra faire aucun emprunt, soit pour le remboursement des avances par lui faites, ou par quelqu'autre cause que ce puisse être, si ce n'est en vertu d'une Délibération préalable de la Communauté, laquelle ne pourra être exécutée qu'après avoir été homologuée par le Juge de Police, sur les Conclusions du Procureur du Roi, ou du Procureur Fiscal, sur la représentation que le Prévôt sera tenu de faire aux dits Officiers de l'état de sa recette et dépense, ensemble des pièces justificatives d'icelles ; et en cas

(1) Il est clair par cet Article, que lorsque les Communautés sont assez nombreuses pour avoir deux Prévôts, le premier ou l'ancien, doit faire les fonctions de Receveur de la Communauté.

qu'il soit délibéré dans la Communauté de pourvoir au remboursement des avances faites par le Prévôt, ou au payement d'autres dettes et charges de la Communauté par voye de contribution ou de répartition entre tous les Maîtres, les conditions et formalités ci-dessus marquées, seront pareillement observées avant que le Prévôt puisse faire exécuter la Délibération.

TITRE CINQUIÈME

De la Réception des Aspirans à la Maîtrise.

XXXII

Aucun Aspirant à la Maîtrise ne sera admis à faire le grand Chef-d'œuvre qu'il n'ait atteint l'âge de vingt ans, s'il est fils de Maître, et de vingt-deux ans, s'il ne l'est pas (1).

XXXIII

Aucun Aspirant ne pourra être admis à la Maîtrise qu'il ne soit Apprentif de l'un des Maîtres d'une Communauté approuvée, et son Brevet enregistré qu'il n'ait travaillé sous des Maîtres dans la Ville ou autre, où il y aura Communauté, au moins pendant trois ans apres son apprentissage, ou deux ans dans les Hôpitaux des Villes frontières, ou sous les Chirurgiens-Majors des Armées du Roi, ou trois ans sous les Maîtres à Paris, ou au moins une année, soit dans l'Hôtel-Dieu, dans celui des Invalides, soit dans l'Hôpital de la Charité à Paris, et que des endroits où il aura servi, il ne rapporte des Certificats des Administrateurs des Hôpi-

(1) Suivant les Statuts des Chirurgiens de Versailles, il fallait 25 ans à ceux qui n'étaient pas fils de Maîtres pour se présenter à la Maîtrise, mais ce terme se trouve abrégé de trois ans par les présens Statuts.

taux *légalisés par les Juges des Lieux*; et à l'égard de ceux des Chirurgiens-Majors, *certifiés par le Colonel du Régiment* où ils servaient dans le temps marqué par leurs Certificats.

XXXIV

Aucun des Maîtres d'une Communauté ne pourra avoir plus d'un Apprentif à la fois, et ne sera libre d'en prendre un second que deux années après avoir pris le premier, à moins que le premier ne soit sorti pour juste cause, ou n'ait quitté son apprentissage; et sera *l'Apprentif obligé de demeurer chez le Maître*, à peine de nullité de son apprentissage.

XXXV

Les Chirurgiens qui ne sont point Maîtres de la Communauté, ni les Veuves des Maîtres, ne pourront avoir aucuns Apprentifs ni Alloués, à peine de cinquante livres d'amende, et de deux cens livres de dommages et intérêts contre les contrevenans.

XXXVI

Les Brevets d'apprentissage seront de deux ans sans interruption, et *seront les Maîtres obligés de les faire enregistrer au Greffe du Premier Chirurgien dans la quinzaine de leur date pour tout délai, même d'en faire signer la minute au Lieutenant et au Greffier*, à peine de nullité des Brevets; et pour chaque enregistrement sera payé par l'Apprentif la somme de *dix livres* au Receveur de la Communauté au profit d'icelle, et trois livres au Greffier du Premier Chirurgien.

XXXVII

Lorsque les Maîtres de la Communauté serviront dans les Armées, le certificat qu'ils donneront aux Apprentifs pour le Service d'une Campagne, leur vaudra pour certificat d'une année ; et sera le certificat *visé par le Colonel ou premier Officier du Régiment*, ou du Corps auquel le Maître Chirurgien sera attaché.

XXXVIII

Entre les Aspirans, les fils de Maîtres seront préférés, les fils des Anciens aux Modernes ; et à l'égard des Apprentifs des Maîtres de la Communauté, on suivra l'ordre de leur ancienneté.

XXXIX

Les fils de Maîtres seront préférés aux autres Aspirans, s'ils sont en égalité de concurrence pour faire leurs Actes, sans néanmoins que cette préférence puisse empêcher ni interrompre le cours des semaines anatomiques, ni autres.

XL

Les fils de Maîtres (1), et ceux qui auront épousé une de leurs filles, qui aspireront à la Maîtrise par le grand chef-d'œuvre, ne payeront que la moitié des droits que les autres Aspirans payent pour le grand chef-d'œuvre.

XLI

Aucun Aspirant ne pourra se présenter à la Maîtrise sans être assisté d'un Conducteur qu'il pourra choisir

(1) Suivant cet Article, les fils des Maîtres des Bourgs et Villages, et ceux qui épousent les filles de ces Maîtres, doivent payer,

dans le nombre des Maîtres de la Communauté, lequel aura au moins cinq années de réception, et aucun Maître ne pourra conduire plus d'un Aspirant à la fois. Ne pourront pareillement les Conducteurs avoir voix délibérative sur le refus ou l'admission de leurs Aspirans, même les interroger en aucun Acte, sans que néanmoins ils puissent se dispenser d'être présents aux examens, à peine d'être privés de leur distribution qui demeurera en ce cas, aussi bien que celle de tous les autres Maîtres absens, au profit de la Communauté, à moins que leur absence ne soit causée *par maladie ou autre cause légitime bien et dûement prouvée.*

XLII

Si l'Aspirant ne fait pas ses opérations et ses démonstration suivant les règles, le Conducteur sera obligé de réparer la faute; et en cas que le Conducteur n'y satisfasse pas, le Lieutenant du Premier Chirurgien, ou les Prévôts y pourvoiront.

XLIII

L'Aspirant ne sera reçu à faire aucun Acte, si ce n'est en présence de son Conducteur, qui ne pourra commettre un autre Maître en sa place, s'il n'en est dispensé par maladie; il sera même obligé d'accompagner son Aspirant pour porter ses billets chez tous les Maîtres, à l'exception de l'Acte appellé *immatricule;* et en cas que le Conducteur refuse ou néglige de le faire,

---

lorsqu'ils se font admettre à la Maîtrise, les mêmes droits que les autres Aspirans. La remise de la moitié des droits dont cet Article fait mention ne regarde que les fils et les gendres des Maîtres de Communauté qui se font recevoir par *le grand chef-d'œuvre*, et non point ceux qui se font recevoir par la *légère expérience*, ou pour les Bourgs et Villages et autres lieux où les Chirurgiens ne sont point établis en Corps de Communauté.

il y sera pourvû par le Lieutenant du Premier Chirurgien, ou par le Prévôt en Charge.

XLIV

Les Aspirants à la Maîtrise seront obligés de présenter au Lieutenant du Premier Chirurgien une Requête signée d'eux et de leur Conducteur, à laquelle seront joints leur Extrait-Baptistaire, ensemble leurs certificats de vie et mœurs, de Religion Catholique, Apostolique et Romaine, et ceux de service.

XLV

Le Lieutenant du Premier Chirurgien répondra la Requête d'un *Soit communiqué aux Prévôts en Charge pour donner leur avis sur les qualités de l'Aspirant*, et si les Prévôts estiment qu'elles soient suffisantes, l'Aspirant pourra porter ses billets de convocation chez les Maîtres.

XLVI

Après la Supplication de l'Aspirant admise dans l'Assemblée, il y sera sommairement interrogé par le Lieutenant du Premier Chirurgien et par les Prévôts, et où il n'y en a qu'un, il le sera aussi par le Doyen, sur les principes de la Chirurgie: s'il est jugé suffisant et capable dans cet examen appelé *Sommaire*, le Lieutenant du Premier Chirurgien ordonnera qu'il soit *immatriculé* dans les Registres, et renvoyé au mois pour son premier examen.

XLVII

L'acte pour le premier examen ne pourra être différé

plus de deux mois par l'Aspirant, à compter du jour de l'immatricule, à peine de nullité.

XLVIII

Les Mandemens ou Billets servans à convoquer les assemblées pour les actes des Aspirans, et l'indication des jours et heures seront *dressés et écrits par le Greffier, signés et délivrés par le Lieutenant* du Premier Chirurgien.

XLIX

Les Billets de convocation, tant pour le premier examen que pour le dernier, seront portés par l'Aspirant chez les Maîtres *neuf jours avant celui qui lui aura été indiqué ;* quant aux Actes des semaines, les Billets pourront être portés la veille, ou le jour même, suivant la nécessité.

L

Les Actes du premier examen des trois semaines (1), et du dernier examen, seront faits en présence du Lieutenantdu Premier Chirurgien, des Prévôts et Greffier, du Doyen de la Communauté, et de tous les autres Maîtres d'icelle, et chaque examen ne pourra durer moins de deux heures.

LI

Premier examen. — Le Lieutenant du Premier

(1) Les trois semaines, qui sont celles *d'Ostéologie, d'Anatomie,* et *des Médicamens,* sont chacune composée de deux Actes, comme les Articles suivans : LII, LIII, LIV, LV, LVI, LVII et LVIII, le font voir : Ainsi tous les Actes que doivent subir les Aspirans sont au nombre de neuf ; sçavoir, l'Examen sommaire ou la *tentative,* le premier et le dernier Examen et les six Actes des trois semaines.

Chirurgien pour le premier, fera tirer au sort quatre Maîtres, pour, avec les Prévôt et Doyen où il n'y a qu'un Prévôt, et lui, interroger l'Aspirant ; savoir sur les principes de la Chirurgie, sur le Chapitre singulier, sur le général des tumeurs, des playes, des ulcères, et chacun d'eux à leur choix, en commençant par le Lieutenant du Premier Chirurgien et par les Prévôts en Charge, interrogera au moins une demi-heure.

LII

L'Acte fini, l'Aspirant se retirera, ensuite le Lieutenant du Premier Chirurgien recueillera les voix sur la capacité ou incapacité de l'Aspirant ; s'il est jugé incapable, il sera renvoyé à trois mois pour recommencer le même examen ; au contraire, s'il est trouvé capable, il sera admis à faire *deux mois après les deux Actes par semaine d'Ostéologie ou de maladie des Os*, entre lesquels deux Actes il y aura *deux jours d'intervalle*.

LIII

Premier Acte de la Semaine d'Ostéologie. — Le premier jour l'Aspirant sera interrogé par le Lieutenant du Premier Chirurgien (1), les Prévôts, et deux Maîtres tirés au sort par le Lieutenant, sur le général de l'Ostéologie, sur toute la tête, sur la poitrine, l'épine et sur les extrémités, tant supérieures qu'inférieures ; l'Acte fini, l'Aspirant se retirera et il en sera usé sur sa capacité ou incapacité, ainsi qu'au précédent article.

LIV

Second Acte de la même Semaine. — Le

(1) Il est évident, par l'Article LI, que, lorsqu'il n'y a qu'un Prévôt, le Doyen doit interroger comme le Prévôt.

deuxième jour l'Aspirant sera interrogé sur les fractures et maladies qui surviennent, sur les bandages et appareils ; l'Acte fini, l'Aspirant se retirera, et il en sera usé comme dessus, tant sur sa capacité que sur son incapacité ; et au cas qu'il soit admis à faire son Anatomie et ses opérations, il les pourra commencer depuis la Toussaint jusqu'au dernier jour d'Avril.

LV

Premier Acte de la Semaine d'Anatomie. — Le premier jour l'Aspirant sera interrogé par le Lieutenant du Premier Chirurgien, les Prévôts (1) et deux Maîtres tirés au sort par le Lieutenant, sur l'Anatomie des parties principales, en commençant par les parties du bas ventre, la poitrine, la tête et ensuite les extrémités, il fera ses opérations sur un sujet humain, sinon sur les parties des animaux convenables, après quoi l'Aspirant se retirera, et il en sera usé comme dessus sur sa capacité ou son incapacité.

LVI

Second Acte de la même Semaine. — Le second jour l'Aspirant sera examiné sur les opérations Chirurgicales, telles que la Cure des Tumeurs, des Playes, l'Amputation, la Taille, le Trépan, le Cancer, l'Empième, les Hernies, les Ponctions, la Fistule, les ouvertures des abscès, et sur les autres opérations principales ; les Examinateurs donneront ensuite leurs avis sur sa capacité, et, en cas qu'il soit admis, il se disposera pour l'examen des Médicamens.

LVII

Premier Acte de la Semaine des Médicaments. —

(1) S'il n'y a qu'un Prévôt, le Doyen doit interroger. *Voyez* l'Article LI.

Le premier jour l'Aspirant sera interrogé, tant sur la théorie que sur la pratique de la Saignée, et notamment sur la manière d'ouvrir la veine, de faire la ligature, les bandages, sur l'Anevrisme, sur les accidents de la Saignée, sur les moyens d'y remédier; l'Acte fini, l'Aspirant se retira et les Examinateurs donneront leurs avis sur sa capacité ou incapacité.

LVIII

Second Acte de la même Semaine. — Le deuxième jour l'Aspirant sera interrogé par le Lieutenant du Premier Chirurgien, le Prevôt et deux Maîtres tirés au sort par le Lieutenant, sur les médicaments simples et composés, tels que les émoliens, adoucissans, les résolutifs, et tels autres qui conviennent dans les différentes maladies, et sur les emplâtres de différente nature, cataplasmes, fomentations d'huiles, baumes simples et composés, sur leurs vertus et effets ; cet Acte fini, l'Aspirant se préparera à faire celui de son dernier examen appellé de *rigueur*.

LIX

Dernier Examen. — Dans chaque Communauté où il y aura douze Maîtres, le Lieutenant du Premier Chirurgien, huit jours avant celui désigné pour le dernier examen, tirera au sort six Maîtres de la Communauté, pour, avec lui et le Prévôt en Charge, interroger l'Aspirant ; et s'il y a moins de douze Maîtres, les six premiers interrogeront l'Aspirant; le Lieutenant interrogera le premier, ensuite les Prévôts, et les six Maîtres suivant leur ancienneté de réception, les uns et les autres interrogeront l'Aspirant sur le fait de pratique ; l'Acte fini, si l'Aspirant est jugé capable à *la pluralité des voix de l'assemblée*, il sera reçu Maître et fera l'Acte de reception dressé, rédigé et transcrit par le Greffier, sur le Registre contenant les réceptions des Maîtres de la Communauté : lequel Registre sera signé, tant par le Lieutenant du Premier Chirurgien du Roi et les Prévôts que par tous les autres Maîtres qui auront reçu des droits comme étant présens à la réception.

LX

Après que l'Aspirant aura été reçu Maître, le Lieutenant du Premier Chirurgien lui fera prêter serment entre ses mains, il lui fera délivrer par le Greffier une expédition en forme de sa réception pour lui servir de Lettres de Maîtrise, et il signera ces lettres avec son Greffier (1).

---

(1) Les nouveaux Maîtres, après leur admission à la Maîtrise, peuvent faire enregistrer leur acte de réception au Greffe de la Police des lieux : Mais ils n'y doivent point de nouveau serment ; cet enregistrement ne doit servir qu'à constater à la Police la qualité du Maître ou du Prévôt. Il y a eu plusieurs difficultés à ce sujet, principalement dans les Communautés de Perruquiers (où la juridiction du Premier Chirurgien du Roi est la même que dans celles des Chirurgiens), notamment à Poitiers, où les Officiers de la Sénéchaussée, Siège Présidial, et Juges de police de la même Ville, prétendaient en vertu de différens Arrêts particuliers, pouvoir exiger un nouveau serment des Prévôts de la Communauté et des nouveaux Maîtres. Mais le Conseil par Arrêt contradictoire du premier Avril 1743 reçut le Premier Chirurgien opposant à ces Arrêts, en ce qu'ils pouvaient avoir de contraire à sa Juridiction, en conséquence (voici les propres termes de l'Arrêt) « a maintenu « et maintient le sieur de la Peyronie dans le droit EXCLUSIF de « recevoir par son Lieutenant dans la Communauté des Barbiers-« Perruquiers, Baigneurs et Etuvistes de Poitiers, le serment « des Maîtres après leur réception, et celui des Syndics après « leur Election, et de leur en faire délivrer l'Acte par son Greffier « sauf auxdits Maîtres et Syndics de faire enregistrer lesdits « Actes de prestation de serment, si bon leur semble, au Greffe « de la Police, pour lequel Enregistrement il ne pourra être pris « *à quelque Titre et sous quelque prétexte que se soit, plus* « *grande somme que celle de trois livres pour tous frais* ».

Cet Arrêt est d'autant plus important qu'il détruit tous les pré-

LXI

Si quelque Maître de ceux qui ont été choisis et nommés par le Lieutenant du Premier Chirurgien pour interroger dans les Actes des Aspirants est absent, le Lieutenant pourra choisir d'autres Examinateurs entre les présens, auxquels il fera donner la part et distribution de ceux qu'ils auront remplacés ; ce qui sera pareillement observé à l'égard des Prévôts, et en ce cas

tendus droits d'ouvertures de Boutiques et autres que les Officiers de Police veulent s'attribuer sur les Communautés des Chirurgiens et des Perruquiers, quoiqu'il n'en soit nullement question à Paris.

Il a été aussi ordonné par le Parlement de Paris, dans de pareilles circonstances et notamment par Arrêt du 18 Juin 1749, rendu contre Messieurs les Officiers de Police de Dieppe, que les Chirurgiens et les Prévôts ne payeraient que trois livres à la Police pour l'Enregistrement des Commissions de Prévôts, et pour celui des Lettres de Maîtrise.

Il avait été décidé précédemment par Arrêt du Conseil du 12 Décembre 1741 rendu entre l'Université d'Aix et le Premier Chirurgien « que les Lieutenants dudit Premier Chirurgien feront délivrer aux Aspirans qu'ils auront reçus une expédition en forme « de leur Acte de réception qu'ils signeront avec le Greffier de leur « Communauté, et en vertu de laquelle ils pourront exercer librement l'Art de la Chirurgie dans les lieux pour lesquels ils auront été reçus, *sans être assujettis à aucune autre formalité.*

Cependant comme les Maîtres et les Prévôts ont la faculté de pouvoir faire enregistrer leur Commission de Prévôts, et leurs Lettres de Maîtrise à la Police, ils ne doivent point se refuser à cette formalité, lorsque Messieurs les Officiers de Police veulent bien ne point exiger de nouveau serment, et se contenter du droit de trois livres pour l'Enregistrement des Actes de réception et de pareille somme pour celui des Commissions de Prévôts.

Il y a un autre Enregistrement des Lettres de Maîtrise auquel les Communautés ne doivent pas manquer de faire procéder, c'est celui qui est ordonné par *les Lettres Patentes concernant l'Aggrégation des Chirurgiens*, données le 31 Décembre 1750, lesquelles portent, Article IX, que toutes les Lettres de Maîtrise et d'Agrégation, seront enregistrées au Greffe du Bailliage, Sénéchaussée Royale ou Juge des cas Royaux du lieu, *et ce en vertu d'Ordonnance du Juge et sur les Conclusions du Procureur du Roi.* Mais cet Enregistrement doit être fait sans aucuns frais, ce même Article le prescrit ainsi expressément. *Voyez ce Règlement à la suite des Statuts.*

les Maîtres qui interrogeront en l'absence des Prévôts seront pris dans le nombre des plus anciens en réception.

LXII

Si l'Aspirant est refusé dans quelque examen et qu'il se prétende capable, il se fera donner un Acte de refus, et se pourvoira devant le Premier Chirurgien pour subir les mêmes examens à Saint-Côme en la manière accoutumée, ou en cas de trop grand éloignement, pour lui être nommé d'autres Examinateurs dans la Communauté de la Ville voisine au choix du Premier Chirurgien ; et s'il est jugé capable, ce nouvel examen tiendra lieu de celui où il aura été refusé.

LXIII

Toutes les Requêtes soit pour le grand chef-d'œuvre ou pour les légères expériences à l'égard des Aspirans, soit pour les Sages-Femmes, seront dressés par le Greffier du Premier Chirurgien dans chaque Communauté des Maîtres Chirurgiens.

LXIV

Lorsqu'il s'agira de procéder à la réception d'un Aspirant le Médecin de la Ville où elle se fera, sera averti par l'Aspirant, assisté de son Conducteur, pour être présent à la tentative, au premier et dernier examen, et à la prestation de serment (1), et ce, trois jours

(1) Les Médecins de Lyon s'étant opposés à l'Enregistrement des présens Statuts et prétendant, en vertu de plusieurs Titres, notamment de l'Edit du mois de février 1692, assister à tous les Actes des Aspirans à la Maîtrise en Chirurgie, cette difficulté fut jugée par Arrêt contradictoire du Parlement de Paris, le 3 septembre 1740, qui porte que *lesdits Statuts seront exécutés selon leur forme et teneur, en conséquence, que les Médecins de la Ville de*

avant le premier examen ; le Médecin aura la place d'honneur à la droite des Examinateurs, ainsi qu'il se

Lyon n'assisteront pas leur député à la réception des Aspirans Chirurgiens, qu'à la Tentative ou premier et dernier Examen et à la prestation de Serment, icelui député préalablement averti en la forme portée audit Article LXIV fait défense aux Chirurgiens de Lyon de l'inviter à autres Actes, etc.

Avant les présens Statuts, le Médecin Royal créé par l'Edit du mois de février 1692 pouvait exiger pour son droit d'assistance ou de présence aux Réceptions des Chirurgiens des Villes principales, le tiers de ce qui était alors payé au Lieutenant du Premier Chirurgien du Roi à Paris. On le voit dans l'Article X. de l'Edit de 1692; car après avoir permis aux Médecins et Chirurgiens Royaux de s'assembler pour dresser des Statuts à l'usage de chaque Communauté, il y est marqué expressément, « à la charge « que notre Médecin et les deux Chirurgiens de chacune Ville « principale ne prendront pour eux trois que les mêmes droits que « ceux que nous avons accordés au Lieutenant de notre Premier « Chirurgien de notre bonne Ville de Paris, par Arrêt de Règlement de notre Conseil du 28 juillet 1671, etc. »

Ainsi pour connaître les droits du Médecin Royal, il faut remonter à l'Arrêt du 28 juillet 1671, rappelé dans cet Edit.

On trouve, dans l'article XIV de ce Règlement, que les droits du Lieutenant de Saint-Côme, à Paris, montent à 47 livres en argent, ou à 71 livres, en y comprenant ceux qui sont attribués au Premier Chirurgien du Roi ou à son Lieutenant, droits que le Premier Chirurgien pouvait revendiquer, n'étant pas destinés particulièrement à son Lieutenant.

Outre ces droits, le Lieutenant recevait huit Jettons d'Argent qui valaient au plus 10 livres, et deux paires de gants d'environ 3 livres les deux ; ce qui fait 13 livres pour ces deux articles; ainsi le Lieutenant du Premier Chirurgien avait en tout dans ce premier cas, 60 livres, et dans le second, 84 livres, ce qui donne 20 livres pour le Médecin Royal dans ce premier cas, et 28 livres, dans le second. Ce dernier pouvait être contesté par les Aspirans, avec d'autant plus de raison, qu'il paraît évident qu'on ne doit pas comprendre dans les droits du Lieutenant ceux qui sont attribués par le Règlement au Premier Chirurgien du Roi ou à son Lieutenant, d'autant plus encore que ce Règlement établit des droits pour le Lieutenant en particulier.

Quoi qu'il en soit, cette discussion est plus de curiosité que d'utilité depuis les Statuts de 1730. Si l'on en dit un mot, c'est uniquement pour démontrer que, dans les plus grandes Villes du Royaume, les droits du Médecin Royal dans les Réceptions des Chirurgiens n'ont jamais dû excéder 28 livres, et que dans la règle exacte ils devaient être réduits à 20 livres, et ce aux termes de l'Edit de 1692. Ces droits devaient encore être plus modiques dans pratique à Saint-Côme; et à l'égard des droits utiles du Médecin, ils seront payés sur le pied de trois livres par chaque assistance, conformément aux Statuts des Paris.

TITRE SIXIÈME

Des Droits qui seront payés pour les Réceptions dans les Villes où il y aura Communauté.

LXV

Au Premier Chirurgien du Roi personnellement ou à son Lieutenant pour répondre la première Requête

---

les Réceptions des Chirurgiens pour les petites Villes, pour les Bourgs et les Villages.

Toutes les difficultés qui pouvaient naître à ce sujet se trouvent détruites par la sagesse des dispositions des présens Statuts. Les droits du Médecin Royal sont fixés à 12 livres dans les Réceptions des Chirurgiens des Villes où il y a Communauté, à 6 livres dans les petites Villes, et à 5 dans les Réceptions des Chirurgiens des Bourgs et Villages, comme on le verra dans les Articles LXVI et LXVII de ces Statuts.

Les Chirurgiens doivent se conformer d'autant plus exactement à ces dispositions que la Declaration du 24 février 1730, insérée à la fin des présens Statuts défend expressément d'exiger de plus grands droits que ceux qui y sont établis, et qu'elle déroge formellement à tous Statuts particuliers en ce qui serait contraire aux épreuves et aux droits fixés par ceux de 1730.

C'est en conséquence de cette dérogation que les Médecins de Lyon ayant voulu invoquer l'Edit de 1692, pour assister à tous les Actes de Réception des Chirurgiens, le Parlement de Paris, par son Arrêt du 3 septembre 1740, ordonna l'exécution de l'article LXIV desdits Statuts, ainsi qu'on l'a rapporté au commencement de cette Note ; ce qui prouve évidemment que les dispositions de l'Edit de février 1692, ne peuvent prévaloir sur celles des présens Statuts. Le Parlement de Paris a encore jugé la même chose par Arrêt du 2 juillet 1749, contre les prétentions du sieur Caze, Médecin Royal de Bordeaux. *Voyez* cet Arrêt à la fin de ces Statuts.

Il s'est trouvé dans quelques Villes du Royaume des Médecins Royaux qui, en vertu de leur Office, ont voulu s'arroger le droit de présider dans les Communautés des Chirurgiens ; mais cette prétention, destituée de tout fondement et qui ne peut se soutenir à la vue des Titres de la Charge de Premier Chirurgien du Roi, *quatre livres* au Greffier, *trois livres* dans les Villes où il y a Archevêché, Evêché, Parlement, Siège Présidial, Bailliage ou Sénéchaussée ressortissant nuement aux Cours de Parlement : et dans les autres, *quatre livres au Lieutenant*, et trente sols au Greffier. Pour l'examen sommaire de l'immatricule au Premier Chirurgien ou à son Lieutenant trois livres ; aux Prévôts et Doyen et au Greffier, chacun deux livres dans les Villes de la première classe ci-dessus, et dans les autres une livre dix sols (1).

PREMIER EXAMEN

Au premier Chirurgien ou à son Lieutenant pour l'examen, *dix livres* ; au Greffier *quatre livres*, aux Prévôts, ou au Prévôt, Doyen et Examinateurs, à à chacun *quatre livres*, et à chacun des Maîtres présens, *deux livres* dans les Villes de la première classe ; et dans les autres, huit livres au Premier Chirurgien ou son Lieutenant ; au Greffier, Prévôts et Examinateurs chacun trois livres et à chacun des Maîtres présens trente sols.

---

se trouve encore absolument détruite par l'Edit même de Création des Médecins Royaux. Car cet Edit porte, en termes exprès, que *les Chirurgiens Jurés feront faire les Assemblées des Communautés, presideront en icelles et feront rendre les Comptes, etc.*.

(1) Toutes ces différentes Classes n'ont plus lieu depuis la Déclaration du 3 septembre 1736. Elle porte que, conformément à l'Edit du mois de septembre 1723, il n'y aura plus de Lieutenant du Premier Chirurgien du Roi que dans les lieux où il y a ou Archevêché, ou Evêché, ou Parlement, ou Chambre des Comptes, Cour des Aydes, Présidial, Bailliage ou Sénéchaussée ressortissant nuement au Parlement. Ainsi en conformité de cette Déclaration, toutes les Villes où il y a Communauté sont de la première Classe ; c'est pourquoi les droits fixés pour cette Classe sont ceux que doivent payer tous les Aspirans qui se font recevoir par le grand Chef-d'œuvre.

ENTRÉE EN SEMAINE (1)

Ostéologie.

Pareils droits qu'au premier examen pour chacun des Actes, à l'exception des Maîtres présens, pour lesquels il ne sera rien payé.

Anatomie.

Pareils droits pour chacun des Actes, à l'exception des Maîtres présens, pour lesquels il ne sera rien payé.

Médicamens.

Pareils droits qu'au premier examen, à l'exception des Maîtres présens.

DERNIER EXAMEN

Pareils droits qu'au premier examen : sera encore donné par l'Aspirant, lors de sa réception, *cent livres* pour la Bourse commune dans les Villes de la première classe, et cinquante livres dans les autres (2) et ce en cas que la Communauté ait fait démontrer publiquement l'Anatomie et les autres opérations conformément à l'article XXV, ci-dessus, pendant les deux années précédentes la réception de l'Aspirant, sinon l'Aspirant ne payera rien à la Bourse commune ; ce qui aura lieu pour tous les autres Aspirans sans exception.

(1) Chacune de ces trois Semaines est composée de deux Actes. Voyez la note sur l'article *L*.

(2) Comme il n'y a plus de différentes Classes pour les droits, la bourse commune est de cent livres dans toutes les Communautés.

TITRE SEPTIÈME.

Des Réceptions des Aspirans pour les Villes où il n'y a point de Communauté, et pour les Bourgs et Villages.

LXVI.

Les Aspirans qui voudront se faire recevoir pour les Villes où il n'y a point de Communauté, ni de Lieutenant du Premier Chirurgien, représenteront des certificats de bonnes vie et mœurs, de Religion Catholique, Apostolique et Romaine, *de deux années d'apprentissage chez un Maître Chirurgien d'une Communauté* ou *de service dans les Hôpitaux*, et de trois années d'exercice chez les Maîtres ou dans les Hôpitaux; ensuite ils présenteront leur Requête au Lieutenant du Premier Chirurgien dans la Communauté des Chirurgiens de la Ville la plus prochaine (1) pour être reçus à faire leurs examens de trois heures chacun en deux jours différens devant le Lieutenant du Premier Chirurgien, les Prévôts, ou Prévôt et Doyen, dans les lieux où il n'y a qu'un Prévôt, et deux Maîtres qui seront tirés au sort; sçavoir, le premier examen sur l'Anatomie, l'Ostéologie, les Fractures et Luxations; et le second sur les Saignées, les Apostêmes, Playes, Ulcères et Médicamens; et ils seront reçus, s'ils

(1) Cette disposition pouvait avoir lieu dans la supposition de l'Etablissement d'une Communauté dans tous les lieux où il y aurait six Chirurgiens: mais comme il n'y en a plus actuellement que dans les lieux fixés par la Déclaration du Roi du 3 septembre 1736, il faut que les Aspirans qui veulent se faire recevoir pour les Bourgs et Villages et pour les petites Villes où il n'y a point Communauté s'adressent à la Communauté qui se trouve établie, dans le chef-lieu de la Justice dont dépend l'endroit où ils veulent se fixer, et cela sans égard à la proximité ou la distance des lieux. *Voyez la Note sur l'Article IV, page 7. et celle sur l'Article 76, ci-après.*

sont jugés capables, en prêtant serment, et en payant pour tous droits *cent six livres;* sçavoir, trente livres au Premier Chirurgien ou à son Lieutenant, tant pour répondre la Requête, pour les Billets de convocation, que pour les examens; trente livres aux Prévôts, Doyen et autres Interrogateurs; sçavoir, à chacun sept livres dix sols (1), vingt livres au Greffier, et six livres au Médecin, *s'il y en a qui ait droit d'assister*, sinon l'Aspirant ne les payera, et vingt livres à la Bourse commune, au cas qu'il y ait eu Démonstration publique dans la Communauté, conformément à l'article LXV.

LXVII.

Les Aspirans qui voudront se faire recevoir pour les Bourgs et Villages représenteront des certificats de bonnes vie et mœurs, de Religion Catholique, Apostolique et Romaine, *de deux années d'apprentissage chez l'un des Maîtres d'une Communauté* ou *dans les Hôpitaux*, et de deux années d'exercice depuis l'apprentissage chez un Maître, ou dans les Hôpitaux; ensuite ils subiront un seul examen de trois heures sur les principes de la Chirurgie, sur les Saignées, les Apostêmes, les Playes et Médicamens, devant le Lieutenant du Premier Chirurgien, les Prévôts, ou le Prévôt et le Doyen, où il n'y a qu'un Prévôt, et ce dans la Communauté des Chirurgiens de la Ville la plus prochaine de leur demeure (2) où ils seront reçus s'ils sont jugés capables, en prêtant serment, et en payant pour tous droits *soixante-dix livres;* sçavoir, vingt livres

(1) On voit, par cette distribution de droits, qu'il ne doit y avoir que deux Interrogateurs, outre le Doyen et le Prévot, dans les Communautés où il n'y a qu'un Prévôt. Cette observation doit avoir aussi lieu pour l'Article suivant.

(2) Ceci ne peut plus avoir lieu depuis la Déclaration du 3 septembre 1736. *Voyez* la première note sur l'Article précédent.

au Premier Chirurgien ou à son Lieutenant, pour répondre la Requête et les billets de convocation, ensemble pour l'examen, vingt-cinq livres aux Prévôts, Doyen et aux deux autres Maîtres, à raison de cinq livres chacun, dix livres au Greffier, cinq livres au Médecin, *s'il y en a qui ait droit d'assister à l'examen*, et où il n'y en a pas, l'Aspirant en sera déchargé, et dix livres à la Bourse commune, au cas qu'il y ait lieu à ce payement, conformément au susdit article LXV.

TITRE HUITIÈME.

Des Aggrégations.

LXVIII.

Ne pourront se faire aggréger à une Communauté que les Maîtres d'une autre Communauté, et les Garçons qui auront servi les malades six ans dans un Hôpital, comme il est marqué en l'article XXIV (1).

---

(1) L'objet de cet Article en ce qui concerne l'Aggrégation des Maîtres d'une autre Communauté a été de faciliter l'admission à la Maîtrise à des Maîtres de Communauté qui auraient des raisons essentielles de changer de demeure après avoir résidé un certain nombre d'années dans les Villes pour lesquelles ils ont été reçus ; mais comme il est arrivé que plusieurs Aspirans ont abusé de cet Article en se faisant recevoir dans une Communauté différente de celle où ils vouloient se fixer, seulement pour prétendre le droit d'Aggrégation dans cette dernière Communauté, et éluder ainsi les Examens et la présentation des Pièces necessaires pour être admis à la Maîtrise, Sa Majesté a ordonné, par ses Lettres Patentes en date du 31 Décembre 1750, que nul Maître ne pourra prétendre à l'Aggrégation qu'*après avoir exercé la Chirurgie pendant dix ans dans la Ville pour laquelle il aura été reçu*. C'est-à-dire, après y avoir résidé pendant ce tems et y avoir pratiqué la Chirurgie avec honneur : ce qu'il faut prouver par des Certificats en bonne forme des Juges des Lieux. *Voyez* les Lettres Patentes *concernant l'Aggrégation des Chirurgiens* à la fin des présens Statuts. Elles contiennent dix Articles qui demandent toute l'attention des Communautés, notamment les Articles VIII et IX.

LXIX.

Ceux qui auront droit de se faire aggréger dans une autre Communauté ne seront tenus que de faire une légère expérience qui consistera en un seul examen de trois heures, sur les principales parties de la Chirurgie, lequel examen sera fait par le Lieutenant du Premier Chirurgien, les Prévôts et Doyen, en présence de tous les Maîtres de la Communauté, mandés à cet effet; et sera payé pour tous droits par l'Aspirant le quart des droits ordinaires au Premier Chirurgien ou à son Lieutenant, aux Prévôts, au Doyen, Greffier et aux Maîtres (1), et la moitié de ce qui se paye pour la Bourse commune par ceux qui n'ont été reçus dans aucune Communauté, et par les autres cent livres, ou cinquante livres à la Bourse commune, suivant l'usage observé dans les Communautés.

LXX.

Ceux qui voudront exercer la partie de la Chirurgie appelée *Herniaire*, ou ne s'occuper qu'à la Cure des Dents et à remettre les Membres démis ou disloqués, seront tenus avant d'en faire aucun exercice, de se faire recevoir dans une Communauté; ils subiront un examen de pratique, et seront reçus, s'ils sont jugés capables, en payant pour tous droits la somme de *cent livres* distribuable, comme en l'article des Droits de réception, et cinquante livres au profit de la Bourse commune.

(1) Les Lettres Patentes du 31 Décembre 1750, concernant l'*Aggrégation des Chirurgiens*, établissent pour cette Aggrégation le tiers des droits ordinaires de Réception. *Voyez* l'Article VI, de ce Règlement. Il faut observer qu'il ne regarde point l'Aggrégation des Gagnans Maîtrise dans les Hôpitaux, mais les Chirurgiens reçus pour une Communauté qui veulent se faire recevoir ou aggréger dans une autre Communauté.

TITRE NEUVIÈME.

De la Réception de Sages-Femmes.

LXXI.

Toutes Aspirantes à l'Art des Accouchemens dans une Ville où il y aura Communauté seront tenues de faire *deux années d'apprentissage avec une Maîtresse Sage-Femme de la Ville*, ou de servir deux années à l'Hôtel-Dieu de la même Ville, au cas qu'il y ait moyen d'occuper des Apprentisses en cet Art.

LXXII.

Les Brevets d'apprentissage qui seront faits chez les Chirurgiens-Accoucheurs *seront enregistrés au Greffe du Premier Chirurgien dans la quinzaine de leur date*, à peine de nullité, et sera payé pour tous droits au Greffier *trois livres*; à l'égard des Apprentisses de l'Hôtel-Dieu, elles justifieront de deux années de Service par un certificat des Administrateurs, qui sera attesté par la Maîtresse et principale Sage-femme du même Hôtel-Dieu, à l'exception de celles qui auront servi à l'Hôtel-Dieu de Paris, pour lesquelles *trois mois de Services seront suffisans*.

LXXIII.

Les Aspirantes qui voudront être reçues à la Maîtrise seront au moins âgées de vingt ans; elles présenteront au Lieutenant du Premier Chirurgien leurs Requêtes signées d'elles et de l'une des Jurées-Sages-Femmes, avec leur Extrait-Baptistaire, Certificat d'apprentissage, de vie et mœurs, de Religion Catholique, Apostolique et Romaine.

LXXIV.

La Requête sera répondue par le Lieutenant du Premier Chirurgien d'un *Soit communiqué au Prévôt pour y donner son consentement*, après quoi l'Aspirante sera tenue de se présenter à la Chambre commune aux jours et heures marqués par le Premier Chirurgien ou son Lieutenant, pour subir son examen.

LXXV.

L'Aspirante sera examinée pendant trois heures par le Premier Chirurgien ou son Lieutenant, par le Prévôt en Charge, le Doyen, la Sage-femme Jurée ou la plus ancienne Sage-Femme, s'il y en a plusieurs dans le lieu, sur la matière des Accouchemens; elle sera reçue, si elle est jugée capable, en prêtant Serment et en payant *trente-sept-livres*, sçavoir, *dix livres* au Premier Chirurgien ou à son Lieutenant; au Prévôt, au Doyen et à l'ancienne Sage-Femme chacun quatre livres, au Greffier cinq livres, et à la Bourse commune dix livres.

LXXVI

A l'égard des Villes où il n'y a point de Lieutenant ni de Communauté, les Aspirantes en l'Art des Accouchemens s'adresseront au Premier Chirurgien ou à son Lieutenant dans la Communauté des Chirurgiens de la de la Ville *où est établi le Siège, Bailliage, ou Sénéchaussée* (1) où elles voudront exercer l'Art des

---

(1) Cette disposition, et celle de l'Article 81 ci-après, confirment bien clairement ce qui a été observé sur l'Article 4, ci-devant, *que le district naturel des Lieutenances est le ressort de la Justice où elles sont établies.* La règle générale prescrite à cet égard par ledit article 4 est échappée aux Rédacteurs de ces Statuts, dans les articles 66, 67 et 77, qui chargent *les Communautés les plus prochaines* des réceptions dont il s'y agit : mais c'est une erreur à laquelle il serait maintenant d'autant moins pardonnable

Accouchemens, et elles seront tenues de représenter au dit Lieutenant un certificat de bonnes vie et mœurs, de Religion Catholique, Apostolique et Romaine; après quoi elles seront examinées par le Premier Chirurgien ou son Lieutenant, par le plus ancien Prévôt, et par le Doyen des Maîtres de la Communauté; et si elles sont jugées capables elles seront reçues, après avoir prêté serment, en payant *vingt-trois livres*, sçavoir, au Premier Chirurgien ou à son Lieutenant huit livres, au Prévôt, au Doyen à chacun quatre livres, à la Maîtresse Sage-Femme trois livres, et au Greffier quatre livres.

LXXVII.

A l'égard des Femmes qui voudront exercer l'Art des Accouchemens dans les Bourgs et Villages, elles seront interrogées par le Lieutenant du Premier Chirurgien dans la Communauté des Chirurgiens de la plus prochaine Ville des lieux où elles voudront s'établir (1), et par le plus ancien Prévôt: elles seront reçues après avoir prêté le serment ordinaire : elles payeront seulement *dix livres*, sçavoir, quatre livres au Premier Chirurgien ou à son Lieutenant, trois livres au Prévôt et trois livres au Greffier, *en cas qu'elles en ayent les moyens*, sinon *elles seront gratuitement reçues*, en rapportant un *certificat de pauvreté de leur Curé*, et leur seront aussi *gratuitement* données des Provisions *par le Greffier*, attendu que leur examen n'est ordonné *que pour les instruire*, sans que les Provi-

de s'arrêter que la Déclaration du 3 Septembre 1736 fixe, comme on l'a dit, le Département des Lieutenances par l'étendue de chaque Justice.

(1) Cette disposition ne peut plus avoir lieu depuis la Déclaration du 3 Septembre 1736. Il faut à présent que ces Sages-Femmes, de même que les Chirurgiens, se fassent recevoir par la Communauté établie dans le chef-lieu de la justice où elles veulent se fixer. *Voyez* la première Note sur l'Article 66, et celle sur l'Article 76.

sions puissent leur être refusées, sous prétexte de défaut du payement.

LXXVIII.

Défenses sont faites d'exiger de plus grands droits que ceux ci-dessus spécifiés, même de recevoir aucuns présens ni repas, à peine de concussion et restitution du quadruple.

TITRE DIXIÈME.

De la police de la Chirurgie.

LXXIX.

Les Prévots en Charge feront leurs visites toutefois et quantes ils le croiront nécessaire dans les Maisons particulières, Hôtels, Collèges, Prisons, Enclos, et tous autres lieux privilégiés ou prétendus tels, et ce en vertu de la permission des Juges des lieux.

LXXX.

Sera fait tous les ans une visite par le Lieutenant du Premier Chirurgien, assisté de son Greffier, chez tous les Maîtres Chirurgiens de la Ville où réside le Lieutenant, ensemble chez les Chirurgiens privilégiés et veuves, pour voir s'il ne se commet point d'abus, tant par rapport aux Apprentis qu'autrement, et si leurs instrumens sont en état, et sera payé par chaque Chirurgien ou Veuve trois livres, pour la visite, sçavoir, *deux livres* au Lieutenant, et *vingt sols* au Greffier.

LXXXI.

Sera pareillement fait une visite tous les ans par le Lieutenant du Premier Chirurgien seul et sans Greffier, chez tous les Chirurgiens des Villes, Bourgs, Villages et lieux *du ressort du Siège, Bailliage ou Séné-*

chaussée établis dans le lieu où le Lieutenant fait sa résidence, pour voir s'ils sont munis des instrumens et des médicamens simples ou composés, tels qu'ils sont énoncés dans l'article LVIII, ci-dessus, et autres choses nécessaires à la chirurgie; comme aussi pour entendre les plaintes qu'on pourrait rendre contre les contrevenans, en dresser son procès-verbal, et ensuite en faire son rapport aux juges des lieux pour y être par eux pourvu, et sera payé par chaque Chirurgien au Lieutenant *deux livres*.

LXXXII.

Aucuns Chirurgiens, Maitres ou autres généralement quelconques, ne pourront lever aucun appareil posé par un autre, hors le cas d'un péril évident, qu'en sa présence, ou après une sommation bien et duement faite, à peine *d'interdiction* et de cinq cents livres d'amende, et seront les chirurgiens qui auront posé l'appareil, tenus de répondre à ces sommations sous les mêmes peines (1).

LXXXIII.

L'ouverture des cadavres ne pourra être faite, et il n'y pourra être procédé depuis le premier Avril jusqu'au premier Octobre que douze heures après la mort et depuis le premier Octobre, jusqu'au premier Avril que vingt-quatre heures après. Ceux qui décéderont subitement, ne pourront être ouverts en toutes saisons qu'après vingt-quatre heures pour le moins, le tout s'il n'est autrement ordonné par Justice.

LXXXIV.

Il est enjoint, sous les peines portées par les ordon-

(1) Les dispositions de cet Article, ainsi que celles du 83, 84, 85 et 86, sont conformes à celles des Articles [illegible], 66, 67, 68 et 69, des Statuts des Chirurgiens de Versailles.

nances et Réglemens à tous Maîtres chirurgiens qui seront appelés pour visiter les blessés ou malades, d'en faire donner avis aux curés des paroisses dans lesquelles, ils demeureront, ou aux prêtres par eux préposés, aussi-tôt que leurs maladies ou blessures paraîtront dangereuses.

LXXXV.

Les veuves des Maîtres de la Communauté qui voudront faire exercer la Chirurgie dans la ville, soit en boutique ou en Chambre, *seront tenus d'occuper les lieux en personne*, comme aussi de présenter au Lieutenant du Premier Chirurgien, et aux Prévôts en charge un Garçon qui sera par eux *examiné sans frais* ; et s'ils le trouvent suffisant et capable, son nom sera inscrit dans un Registre particulier qui sera tenu à cet effet par le greffier, *auquel sera payé par le Garçon une livre pour droit d'enregistrement.* Ne pourront les Garçons faire aucunes opérations décisives, ni lever aucun appareil en occasion grave et importante, sans appeller un des Maîtres ou prendre son avis, qu'il sera obligé de lui donner gratuitement pour la première ou deuxième visite seulement, à peine contre le Maître, *en cas de refus de cinquante livres d'amende* (1).

(1) Les Veuves qui veulent faire exercer la Chirurgie par des Garçons, sont tenues d'occuper les lieux en personne : cette disposition est conforme à celle de l'Article 68, des Statuts des Chirurgiens de Versailles. Les Maîtres Chirurgiens au surplus n'ont pas à cet égard le même droit que leurs Veuves : Ils ne peuvent, sous aucun prétexte, louer le Privilège de leur Maîtrise, ni par la même raison, tenir deux Boutiques à la fois.

Le Parlement de Toulouse ayant jugé le contraire en faveur du sieur Pagés, Chirurgien à Carcassonne, sur le fondement que ce Chirurgien rapportait des Lettres de Maîtrise (à lui induement accordées) par lesquelles il lui était permis de tenir deux Boutiques, l'une en la Cité, et l'autre en la Ville propre de Carcassonne, M. de la Martinière, pour réformer un pareil abus, se pourvut au Conseil, où intervint Arrêt le 6 octobre 1752, lequel porte que « sans s'arrêter, ni avoir égard à la permission dudit « Pagés, donnée par le sieur Teulet, Lieutenant du Premier Chi-

LXXXVI.

Les Garçons ainsi agréés, seront tenus de se présenter une fois l'an à la Chambre commune de la Communauté, accompagnés des Veuves dont ils tiendront les Boutiques ou Chambres, sçavoir, *depuis le premier jour de Janvier jusqu'au dernier jour de Mars suivant*, à l'effet d'y renouveller leur enregistrement, *faute de quoi et ce temps passé ils n'y seront plus reçus*, et ne pourront les Garçons ni les Veuves qui les auront employés, tenir Boutique ouverte, exercer ou faire exercer pendant l'année, et pour le nouvel enregistrement sera payé au Greffier pareil droit de vingt sols, comme en l'article précédent.

LXXXVII.

(1) En cas que le Lieutenant du Premier Chirurgien et les Prévôts estiment que les Garçons présentés par les Veuves ne doivent point être agréés, ou qu'après

---

« rurgien du Roi à Carcassonne, en ce qu'il a permis audit Pagés « de tenir deux Boutiques ouvertes, l'une en la Cité et l'autre en « la Ville de Carcassonne, ni à la Sentence arbitrale rendue entre « les Maîtres Chirurgiens de la Ville et ledit Pagés, ni à l'Arrêt « du Parlement de Toulouse confirmatif d'icelle ; fait défenses au- « dit Pagés de tenir deux Boutiques ouvertes, l'une dans la Ville, « et l'autre dans la Cité de Carcassone ; ordonne en conséquence « que dans un mois, à compter du jour de la signification du pré- « sent Arrêt, ledit Pagés sera tenu d'opter laquelle des deux « Boutiques il entend conserver : Veut et entend Sa Majesté qu'à « faute de ce faire et ledit tems passé, ledit Pagés demeurera « déchu du droit d'option, et sera tenu de résider dans la Ville « seulement : Permet en outre, et même enjoint Sa Majesté au « Lieutenant de son Premier Chirurgien de faire fermer la Bou- « tique que ledit Pagés a dans la Cité : et veut en outre que le « présent Arrêt soit exécuté nonobstant toutes oppositions quel- « conques.

(1) Cet Article est le 70 des Statuts des Chirurgiens de Versailles. Les suivans, 88, 89, 90, 91, 92, 93, 94, 95, 96, 97 et 98, sont les mêmes que les Articles 72, 73, 74, 75, 76, 77, 78, 79, 80 et 81, des Statuts des Chirurgiens de Versailles qui ont été enregistrés dans tous les Parlements du Royaume avec l'Edit du mois de septembre 1723.

l'avoir été pour une année, ils ne conviennent pas de les agréer pour continuer à tenir Boutique ou Chambre sous le nom des Veuves, ou d'agréer d'autres Garçons, soit pour impéritie, mauvaise conduite ou contravention aux Réglemens, *il leur sera permis de les refuser*, les Veuves seront obligées de présenter un autre Garçon et ceux qui contreviendront au présent article, seront solidairement condamnés en cinquante livres d'amende.

LXXXVIII.

Les Garçons des Maîtres d'une Communauté ou des Veuves des Maîtres, n'en pourront sortir sans un congé par écrit, et en cas qu'ils veuillent entrer chez un Barbier-Perruquier, ils seront tenus de déclarer aussi par écrit au Maître Chirurgien ou à la Veuve de chez qui ils sortiront, qu'ils renoncent pour toujours à l'Art de Chirurgie.

LXXXIX.

Ceux des Garçons Chirurgiens, qui sans avoir fait cette déclaration, et sans l'avoir réitérée au Greffe du Premier Chirurgien dans la Communauté, entreront chez les Barbiers-Perruquiers, ne pourront être reçus, Maîtres dans l'une ni l'autre Communauté, à peine de nullité de leurs réceptions et de trois cens livres d'amende.

XC.

Les Garçons qui sortiront de chez un Maître avec un congé par écrit, ne pourront être reçus au service d'un autre Maître, si ce n'est du consentement de ceux d'où ils sortent actuellement, quoiqu'ils en aient des congés par écrit ; et seront les Maîtres ou Veuves des Maîtres qui auront reçu quelques Garçons au préjudice des défenses portées par le présent article, tenus de les congédier à la première réquisition qui leur en sera faite par les Maîtres et Veuves dont les Garçons auront quitté le service; le tout à peine de deux cens livres d'amende contre chacuns Maîtres ou Veuve de Maître qui se trouveront en contravention.

XCI.

Les Barbiers-Perruquiers et Chirurgiens qui retiendront à leur service un Garçon sortant de chez un Chirurgien ou Veuve de Maître, au préjudice de la réquisition qui lui sera faite par le Maître Chirurgien ou la Veuve que le Garçon aura quitté sans congé par écrit, seront condamnés en deux cens livres d'amende.

XCII.

Il est très expressément défendu à tous Barbiers-Perruquiers, Etuvistes, leurs Serviteurs, Domestiques, d'exercer l'Art de Chirurgie, et à tous les Garçons Chirurgiens qui ne sont point actuellement au service des Maîtres de la Communauté ou des Veuves, d'exercer l'Art de Chirurgie et Barberie, dans les Villes où il y a Communauté, à peine de confiscation de leurs Instrumens, et solidairement en cinq cens livres d'amende, même de punition exemplaire en cas de récidive.

XCIII.

Les Sage-Femmes seront tenues de mettre leurs noms au bas de leurs Enseignes ; défenses à elles d'en faire inscrire d'autres.

XCIV.

Deux ou plusieurs Sage-Femmes ne pourront demeurer dans la même maison, si ce n'est du consentement de la plus ancienne dans la maison.

XCV.

Défenses à tous Particuliers, Chirurgiens, Soldats servans dans quelques Régimens ou Compagnies que ce soit, d'exercer la Chirurgie, lorsqu'ils seront dans une Ville, si ce n'est pour les Soldats des Régimens. Il leur est pareillement fait défenses d'avoir des Garçons ni d'autres demeures que celles du quartier de leurs Compagnies; comme aussi d'autres marques extérieures de Chirurgiens que celles d'un seul Bassin attaché à la fenêtre de leur chambre sans aucune saillie, indication ni autre étalage; et en cas que leur logement soit marqué dans une Boutique ou Salle basse qui ait une vue sur la rue, ils ne pourront exposer dehors aucun Bassin, ni avoir à l'ouverture des Salles ou Boutiques aucune marque extérieure de Chirurgien ; et sera l'ouverture d'un simple chassis de papier posé sur l'appui en dedans, avec un seul carreau de verre de la grandeur d'un pied en quarré, sans que les Chirurgiens Soldats puissent avoir dans la Boutique, Salle ou Chambre, aucunes portes vitrées, ni que personne puisse y travailler en leur absence, le tout à peine de trois cens livres d'amende, et de plus grande peine s'il y échet (1).

XCVI.

Aucun ne pourra faire imprimer, afficher ou distribuer tel remède que ce soit dépendant de l'Art, s'il n'en a obtenu la permission du Lieutenant Général de Police, sur les Certificats du Premier Chirurgien de Sa Majesté, ou de tels autres Médecins et Chirurgiens que le Premier Médecin ou le Premier Chirurgien jugeront à propos de choisir, et ceux qui obtiendront ces permissions, seront tenus d'exprimer dans leurs Placards, Affiches ou Billets, leurs noms et demeures, à peine de cinq cens livres d'amende (2).

(1) Les dispositions portées dans cet Article, sont renouvellées dans un arrêt du Conseil du 28 septembre 1749. Il défend aux Chirurgiens des Hôpitaux Militaires et des Régimens d'exercer aucune fonction de leur Art sur les personnes qui ne sont point employées ou attachées au Service Militaire, à peine de 500 livres d'amende. *Voyez* cet Arrêt à la fin des présens statuts.

(2) *Voyez* ci-après l'Arrêt du Conseil du 10 septembre 1754, concernant les Distributeurs de Remèdes.

XCVII.

Les Imprimeurs qui imprimeront ces Billets et Placards, seront tenus d'y faire mention des permissions et d'exprimer leurs noms, à peine de pareille amende de cinq cens livres, d'interdiction et de punition exemplaire, tant contre les Imprimeurs que contre les Afficheurs.

XCVIII.

Tous dommages-intérêts, ainsi que les amendes encourues pour contraventions aux Présentes, et prononcées par les Juges, seront appliquées au profit de la Bourse commune, et perçus par le Receveur de chaque Communauté, lequel sera tenu de s'en charger dans la recette de son compte.

Registrés, oui le Procureur Général du Roi, pour être exécutés selon leur forme et teneur, et jouir par l'impétrant de l'effet et contenu en iceux, aux charges, clauses et conditions portées par l'Arrêt de ce jour. A Paris en Parlement, le treize Août mil sept cent trente-un. Signé Ysabeau.

Ces mêmes statuts ont été enregistrés dans tous les Parlements du Royaume en l'année 1732.

Déclaration du Roy

Concernant les Chirurgiens des Provinces du Royaume (1).

Louis, par la grace de Dieu, Roi de France et de Navarre : A tous ceux qui ces présentes lettres verront Salut. Le désir que nous avons de procurer l'avancement des Arts utiles au bien public Nous a engagé de

(1) Cette Déclaration ordonne l'exécution des Statuts précédents. *Voyez* celle du 3 septembre 1736, qui y déroge en ce qui concerne le nombre de six Maîtres pour former Communauté.

rétablir par notre édit du mois de septembre 1723 notre Premier Chirurgien dans le droit de nommer et commettre à l'avenir dans les Communautés des Maîtres Chirurgiens des principales Villes de notre Royaume, ses Lieutenans et Greffiers ; et comme Nous n'avons rétabli notre Premier Chirurgien dans ce droit que pour le mettre en état de procurer le progrès de la Chirurgie, et de faire observer une discipline exacte dans l'exercice d'un Art si nécessaire, Nous avons cru devoir ordonner par cet Edit, qu'en attendant qu'il fût pourvû par Nous de Statuts à Chaque Communauté de Chirurgiens de notre royaume, ceux de notre Ville de Versailles y seraient observés ; mais comme la différence des lieux où il y a des Chirurgiens établis exige une différence dans les Règlemens qui peuvent convenir à une Ville où il y a Corps et Communauté de Chirurgiens, et qui ne peuvent s'exécuter dans une Ville inférieure où il y a un trop petit nombre pour former Communauté, ni dans des Bourgs et Villages, Nous avons cru que rien ne contribueroit davantage au bon ordre et à la discipline dans la Chirurgie, que de former des Statuts qui renfermant des règles générales également nécessaires dans tous les lieux, distingueroient aussi les Réglemens particuliers qui conviennent, soit aux Villes considérables, soit aux Villes plus médiocres, soit enfin aux Bourgs et Villages où il y auroit des Chirurgiens : Le même motif Nous a fait connoître que le droit que Nous avons donné par notre Edit de 1723, à notre Premier Chirurgien de nommer des Lieutenans seulement dans toutes les Villes où il y a Archevêché, Evêché, Parlement, Bailliage ou Sénéchaussée ressortissant nuement en nos Cours et non dans d'autres, formoit un empêchement considérable à la vûe que Nous avons eue, y ayant des Villes qui ne ressortissent nuement en nos Cours où il y a un nombre suffisant de Chirurgiens pour former une Communauté ; ainsi Nous avons jugé convenable de fixer l'établissement des Lieutenans aux Villes où les Chirurgiens se trouvent en nombre suffisant pour rendre cette fonction nécessaire : Nous avons cru enfin qu'il convenoit de prévenir ou de faire cesser les difficultés qui pourroient naître, et sont nées en effet dans quelques lieux où les Officiers de Police ont cru être en droit d'exiger un serment des Lieutenans et Greffiers de notre Premier Chirurgien. C'est dans ces différentes vues que, désirant contribuer autant qu'il nous est possible à l'avantage d'une Profession si nécessaire au Public, et seconder le zèle du sieur Mareschal pour le bien de la Chirurgie dont il Nous donne de nouvelles marques tous les jours ; Nous avons fait examiner en notre Conseil les Statuts qu'il Nous a fait présenter pour la perfection de la Chirurgie, et, les ayant trouvés dignes de notre approbation, il ne nous reste plus qu'à leur donner force de Loi, pour mettre tous les Chirurgiens établis dans les Provinces de notre Royaume en état de s'y conformer, et de les réduire en pratique.

A ces causes, après nous avoir fait représenter les Edits, Déclarations et Ordonnances concernant les Droits et Privilèges de notre Premier Chirurgien, les Statuts attachés sous le contre-Scel de la présente Déclaration contenus en quatre-vingt-dix-huit articles : de l'avis de notre Conseil et de notre pleine puissance et autorité Royale, Nous avons, par notre présente Déclaration dit, statué et ordonné, disons, statuons et ordonnons, voulons et Nous plaît ce qui suit :

Article Premier

Confirmant en tant que besoin serait, par ces Présentes, les Droits et Privilèges accordés à notre Premier Chirurgien, en qualité de Chef et Garde contre des Statuts et Privilèges de la Chirurgie, et l'Edit du mois de Septembre 1723, ordonnons que, dans l'étendue de notre Royaume, Pays, Terres et Seigneuries de notre obéissance *sans exception d'aucune Province* notre Premier Chirurgien jouisse du droit de nommer un Lieutenant et un Greffier dans chacune des Villes où il y a actuellement six Chirurgiens au moins, quoique la jurisdiction de ces Villes ne ressortisse point nuement en nos Cours, dérogeant à cet égard à la disposition de notre dit Edit du mois de Septembre 1723, sans cependant qu'il en puisse nommer dans les autres Villes et lieux, quand bien même la Jurisdiction ressortirait nuement en nos Cours (1).

II

Voulons que ces Lieutenants et Greffiers de notre Premier Chirurgien exercent leur commission, sans être obligés de prêter *d'autre serment* qu'entre ses mains, en la manière accoutumée ; et en cas d'absence entre les mains du plus ancien Prévôt en Charge ou Doyen de la Communauté qui seront commis à cet effet par notre Premier Chirurgien (2).

---

(1) Cette disposition ayant donné lieu à plusieurs inconvéniens que l'expérience a fait connaître, il a été dérogé par la Déclaration ci-après du 3 Septembre 1736 : en sorte que ce n'est plus le nombre des Chirurgiens qui décide des lieux où le Premier Chirurgien a le droit de nommer un Lieutenant : mais la nature de la Justice de ces lieux. *Voyez* la déclaration de 1736, et l'Avertissement.

(2) Les Lieutenants du Premier Chirurgien du Roi ne devant aucun Serment à la Police, leur installation ne regarde que les Communautés : il faut, pour y procéder, qu'ils fassent assembler tous les Maitres dans la Chambre de Jurisdiction de la Communauté : c'est-à-dire, dans le lieu où elle s'assemble ordinairement.

Dans cette Assemblée ils doivent lire ou faire lire par le Greffier leurs Lettres de Lieutenance, prêter ensuite le Serment entre les mains du Maître commis à cet effet par le Premier Chirurgien du Roi, et faire enregistrer ces Lettres sur le Registre de la Communauté. Cet Acte d'installation doit être signé par tous les Maîtres

III

Ordonnons que les Statuts attachés sous le contre-Scel des Présentes et contenus en quatre vingt-dix-huit articles soient gardés et observés dans toutes les Communautés des Chirurgiens et par tous les Chirurgiens des Villes, Bourgs et lieux de notre Royaume, dans lesquels il n'y a pas encore eu de Statuts particuliers revêtus de nos Lettres Patentes, et enregistrés dans nos Cours de Parlement et à l'égard des Communautés des Maîtres Chirurgiens qui ont des Statuts particuliers dûement autorisés, elles seront tenues de les représenter dans six mois ; à compter du jour de l'enregistrement de nos présentes Lettres dans nos Cours de Parlement, avec les Mémoires qu'elles jugeront à propos d'y joindre, pour après que le tout aura été vû et examiné dans notre Conseil y être fait les additions, retranchements ou changements nécessaires, afin d'établir une police et une discipline uniforme dans tout

---

de la Communauté. Lorsque cette formalité est remplie, le Lieutenant doit faire enregistrer ses Lettres de Lieutenance dans les Jurisdictions où il est besoin qu'elles soient connues pour la jouissance de ses droits et privilèges.

Si les Maîtres de la Communauté refusent de procéder à l'installation du Lieutenant, il faut les faire sommer juridiquement par un Huissier Royal, et dresser un Procès-verbal en bonne forme qui puisse servir à bien constater leur refus. Cette pièce, avec la sommation, servira à obtenir un Arrêt du Parlement de Paris qui tiendra lieu d'installation, et qui obligera les Maîtres refusans de reconnaître le Pourvû de la Lieutenance du Premier Chirurgien du Roi dans sa qualité de Lieutenant à condition toutefois que le Lieutenant ait d'ailleurs toutes les qualités requises par les Règlements pour remplir la place de Lieutenant. Ce n'est point aux Juges des lieux qu'il faut s'adresser pour les difficultés de cette espèce, mais au Parlement de Paris, dont la Grand'-Chambre est le seul Tribunal compétent pour toutes les contestations qui intéressent les Droits des Officiers du Premier Chirurgien du Roi. *Voyez* l'article V des présens Statuts. Les mêmes formalités doivent être observées pour l'installation des Greffiers.

notre Royaume, en ce qui concerne la Chirurgie; voulons cependant que lesdits Statuts particuliers continuent d'être observés par provision dans les lieux pour lesquels ils ont été faits ; à la charge qu'il ne pourra être exigé de moindres épreuves des Aspirants à l'Art de Chirurgie, que celles qui sont prescrites par les présents Statuts, ni reçu desdits Aspirants de plus grands droits que ceux qui y sont fixés ; à l'effet de quoi dérogeons dès-à-présent auxdits Statuts particuliers en ce qui pourrait y être contraire aux règles établies par lesdits présens Statuts sur les épreuves et sur les droits auxquels lesdits Aspirants seront assujettis ; et faute par lesdites Communautés qui ont des Statuts particuliers dûement autorisés, *de Nous les représenter avec leurs Mémoires dans le temps de six mois ci-dessus marqués : ordonnons que les présens Statuts y seront seuls observés définitivement selon leur forme et teneur*, le tout à l'exception de la Communauté des Maîtres Chirurgiens de notre bonne Ville de Paris, laquelle Nous n'entendons comprendre dans aucune des dispositions du présent article ; Voulons que ces Statuts faits pour ladite Communauté, autorisés par Lettres Patentes des mois de Septembre 1699, et de Janvier 1701, registrés en notre Cour de Parlement séante à Paris, le 3 Février 1701, continuent d'être inviolablement observés selon la forme et teneur, sans qu'il puisse y être changé ni innové à l'occasion des Présentes, ou des nouveaux Statuts qui y sont attachés. Si donnons en mandement à nos amés et féaux les Gens tenans notre Cour de Parlement de Paris, que ces Présentes ils ayent à faire lire, publier et registrer, et le contenu en icelles garder et exécuter selon leur forme et teneur ; car tel est notre plaisir, en témoin de quoi Nous avons fait mettre notre Scel à cesdites Présentes. Donné à Marly le vingt-quatrième jour de Février, l'an de grace mil sept cent trente, et de notre Regne le quinzième. *Signé*, Louis. *Et plus bas*, par le Roi, Phelypeaux.

EXTRAIT DES REGISTRES DE PARLEMENT

Veu par la Cour la Déclaration du Roi donnée à Marly le vingt-quatre Février mil sept cent trente, *signé* Louis, et *plus bas* par le Roi, Phelypeaux, et scellée du grand Sceau de cire jaune, obtenue par le sieur Georges Mareschal, Ecuyer, Conseiller du Roi, son Premier Chirurgien ; par laquelle pour les causes y contenues, le Seigneur Roi a dit, statué et ordonné, veut et lui plaît ce qui suit. ARTICLE PREMIER. En confirmant en tant que besoin serait les Droits et Privilèges accordés à l'Impétrant en qualité de Chef et Garde des Statuts et Privilèges de la Chirurgie, et l'Edit du mois de Septembre 1732, que dans l'étendue de son Royaume, Pays, Terres, et Seigneuries de son obéissance, sans exception d'aucune Province, l'Impétrant son Premier Chirurgien jouisse du droit de nommer un Lieutenant et un Greffier dans chacune des Villes où il y a actuellement six Chirurgiens au moins, quoique la Jurisdiction de ces villes ne ressortisse point nuement en ses Cours; dérogeant à cet égard à la disposition de son dit Edit du mois de Septembre 1723, sans cependant qu'il en puisse nommer dans les autres Villes et lieux, quand bien même la Jurisdiction ressortiroit nuement en ses Cours. ARTICLE SECOND. Veut que ces Lieutenans et Greffiers dudit Impétrant exercent leur commission, sans être obligés de prêter autre serment qu'entre ses mains, en la manière accoutumée, et en cas d'absence, entre les mains du plus ancien Prévôt en Charge, ou Doyen de la Communauté, qui seront commis à cet effet par ledit Impétrant. ARTICLE TROIS. Ordonne ledit Seigneur Roi que ces Statuts attachés sous le contre-Scel de ladite Déclaration et contenus en quatre-vingt-dix-huit articles, soient gardés et observés dans toutes les Communautés des Chirurgiens et par tous les Chirurgiens des Villes, Bourgs et lieux de son Royaume, dans lesquels il n'y a pas encore eu de Statuts particuliers revêtus de ses Lettres Patentes et enregistrées en ses Cours; et à l'égard des Communautés des Maîtres Chirurgiens qui ont des Statuts particuliers dûement autorisés, elles seront tenues de les représenter audit Seigneur Roi dans six mois, à compter du jour de l'enregistrement de la susdite Déclaration dans ses Cours, avec les Mémoires qu'elles jugeront à propos d'y joindre; ainsi qu'il est plus au long contenu esdits trois articles de ladite Déclaration à la Cour adressans. Vû aussi lesdits Statuts et Réglements contenus en quatre-vingt-dix-huit articles attachés sous le contre-Scel de ladite Déclaration, ensemble la Requête présentée à la Cour par ledit sieur Mareschal, à fin d'enregistrement de ladite Déclaration et desdits Statuts, Conclusions du Procureur Général du Roi : Ouï le Rapport de Messire Jean Delpech, Conseiller, tout considéré : La Cour ordonne que ladite Déclaration avec lesdits Statuts seront enregistrés au Greffe d'icelle, pour être exécutée selon leur forme et teneur, et jouir par l'Impétrant de l'effet et contenu en icelle et esdits Statuts; à la charge que les Lieutenans et Greffiers ci-devant établis dans les Villes et Bourgs dans lesquels il n'y a pas aux moins six Chirurgiens demeureront supprimés; comme aussi qu'il ne pourra être établis des Lieutenants et Greffiers, que dans les Villes dans lesquelles il y aura au moins six Chirurgiens actuellement demeurans dans lesdites Villes et Fauxbourgs, sans que dans le nombre desdits six Chirurgiens, on puisse y comprendre les Chirurgiens demeurans dans les Villages et lieux dépendants desdites Villes; et aussi à la charge qu'il sera libre à toutes sortes de personnes d'envoyer querir en cas de besoin, tels Chirurgiens que bon leur semblera, dans telles Villes, Bourgs ou Villages qu'elles aviseront bon être, sans être contraints à se servir des Chirurgiens des Villes, Bourgs ou Villages de leurs résidences. Fait en Parlement le treizième Août mil sept cent trente-un. Collationé. *Signé*, Ysabeau.

Cette même Déclaration a été enregistrée dans dans tous les parlements en 1752.

DÉCLARATION DU ROY

Portant que le Premier Chirurgien du Roi sera autorisé à nommer ses Lieutenans et Greffiers dans les Communautés des Maîtres Chirurgiens des Villes du Royaume, en conformité de l'Edit du mois de Septembre 1723, sans qu'il soit besoin du nombre de six Maîtres Chirurgiens dans ces Communautés.

Donnée à Versailles, le 3 Septembre 1736.

Louis, par la grâce de Dieu, Roi de France et de Navarre : A tous ceux qui ces présentes Lettres verront ; Salut. Par notre Edit du mois de Septembre 1723. Nous avons désuni des Offices de Chirurgiens Jurés créés par les Edits des mois de Mars 1691 et Février 1692, les droits, fonctions, prérogatives et émolumens, dont jouissaient ci-devant les Lieutenans et Greffiers de notre Premier Chirurgien, lesquels Nous avons voulu être à l'avenir et à toujours nommés et commis par notre Premier Chirurgien dans les Communautés des Maîtres Chirurgiens de chacune Ville de notre Royaume, où il y avait *Archevêché, Evêché, Parlement, Chambre des Comptes, Cour des Aydes, Présidial, Bailliage ou Sénéchaussée ressortissant nuement en nos Cours*, pour être lesdits Lieutenans par lui choisis dans le nombre de trois Maîtres de chacune Communauté, dont les noms et surnoms lui seroient envoyés par les Echevins, Jurats, Capitouls, Mayeurs ou autres Officiers Municipaux des Villes, un mois après la publication dudit Edit; et en cas de vacance par mort ou autrement, dans un mois du jour de la vacance ; faute de quoi, ledit temps passé, seroit permis à notre dit Premier Chirurgien de nommer tel Maître qu'il aviseroit bon être ; et par le même Edit Nous avons ordonné que les Statuts dressés par les Chirurgiens de la Ville de Versailles, seroient observés dans tous les lieux où il n'y en auroit point, qui eussent été confirmés par Lettre Patentes enregistrées. Depuis ce temps notre Premier Chirurgien ayant fait dresser un Corps de Statuts contenant quatre-vingt-dix-huit articles, Nous avons cru devoir les autoriser par notre Déclaration du 24 Février 1730 pour être observés dans toutes les Communautés des Chirurgiens, et par tous les Chirurgiens des lieux dans lesquels il n'y auroit point eu encore de Statuts revêtus des Lettres Patentes enregistrées, et Nous aurions en outre, par l'Article premier de la dite Déclaration, changé la destination et résidence desdits Lieutenans et Greffiers, en ordonnant qu'ils seroient nommés par notre dit Premier Chirurgien dans toutes les Villes où il se trouveroit alors six Chirurgiens au moins, quoique la Jurisdiction desdites Villes ne ressortit pas nuement en nos Cours, sans qu'il en pût être nommé dans les autres Villes et lieux quoique la Jurisdiction des dits lieux fût dans le cas du Ressort immédiat. Mais notre Premier Chirurgien Nous a représenté les difficultés que ce nouvel arrangement faisoit naître soit par les variations qui arrivent dans le nombre des Chirurgiens des Villes, soit par rapport à la fixation du District des Lieutenans et des Greffiers qui se trouvoient souvent dans les lieux où il n'y avoit aucun Bailliage ni Sénéchaussée Royale pendant que, dans ceux où ces Sièges sont établis, il n'y avoit quelquefois ni Lieutenans ni Greffiers : et c'est par ces considérations qu'il Nous a demandé, qu'en dérogeant en ce point à notre Déclaration du 24 Février 1730, il nous plût de rétablir la disposition de notre Edit du mois de Septembre 1723, *qui en fixant pour toujours les Lieutenants et Greffiers de notre Premier Chirurgien dans les lieux où il y auroit Bailliage, Sénéchaussée où autre siège Royal, ressortissant nuement en nos Cours, détermineroit aussi* (1) *par l'étendue de chaque Siège, le District de chacun desdits Lieutenans et greffiers :* Et comme ce changement n'est qu'un retour à l'ordre plus naturel, Nous a paru le plus convennble à l'utilité publique, Nous avons jugé à propos d'expliquer de nouveau nos intentions sur cette matière : A ces Causes et autres à ce Nous mouvans, de l'avis de notre Conseil, et de notre science et autorité Royale, Nous avons dit, déclaré et ordonné, par ces Présentes signées de notre main, disons, déclarons et ordonnons, voulons et Nous plaît, que, conformément à notre Edit du mois de Septembre 1723, notre Premier Chirurgien soit autorisé à nommer ses Lieutenans et Greffiers dans les Communautés des Maîtres Chirurgiens de chacune Ville de notre Royaume où *il y a Archevêché, Evêché, Parlement, Chambre des Comptes, Cour des Aydes, Présidial, Baillage ou Sénéchaussée Royale, ressortissans nuement en nos Cours*, sans qu'il puisse en nommer dans les Autres Villes et lieux : Et seront lesdits Lieutenans choisis par notre dit Premier Chirurgien dans le nombre de trois Maîtres de chacune Communauté ou Aggrégés à icelle, qui lui auront été présentés par les

(1) *Voyez* la Note sur l'Article IV des Statuts, concernant les districts des Lieutenans, page 7, ci devant.

Maire et Echevins, Jurats et Consuls en la forme prescrite par notredit Edit du mois de Septembre 1723. *Seront aussi les Greffiers par lui choisis entre les Chirurgiens de chaque Communauté, s'il s'en trouve qui soient intelligents dans les affaires, sinon il pourra être par notre Premier Chirurgien nommé et choisi telle autre personne de profession honnête, de bonnes vie et mœurs et d'une capacité suffisante*, ainsi qu'il est ordonné par l'Article III des Statuts de 1730, lesquels Lieutenans et Greffiers, conformément à l'Article II de ladite Déclaration du 24 Février, *1730 ne seront tenus de prêter serment pour raison de leurs dites fonctions, qu'entre les mains de notre dit Premier Chirurgien en la manière accoutumée : ou en cas d'absence, entre les mains du plus ancien Prévôt en charge ou Doyen de la Communauté qui seront commis à cet effet par notre dit Premier Chirurgien*. Voulons au surplus à la réserve des dispositions auxquelles il a été dérogé par ces Présentes, que les statuts attachés sous le contre-Scel de notre Déclarations du 24 Février 1730 soient exécutés selon leur forme et teneur dans toutes les Communautés des Chirurgiens et par tout les Chirurgiens des Villes, Bourgs et lieux dans lesquels il n'y a point des Statuts particuliers revêtus de nos Lettres Patentes enregistrées dans nos Cours de Parlement. Si DONNONS EN MANDEMENT à nos amés et féaux C[illegible]illers les Gens tenans notre Cour de Parlement à [illegible]s, que ces Présentes ils ayent à faire lire, publier et registrer, et le contenu en icelles garder, observer et exécuter selon leur forme et teneur : Car tel est notre plaisir ; en témoin de quoi, Nous avons fait mettre notre Scel à cesdites Présentes. Donné à Versailles le troisième jour de Septembre, l'an de grâce mil sept cens trente-six, et de notre regne le vingt-deuxième. *Signé :* LOUIS. *Et plus bas*, par le ROI,

PHELYPEAUX. Et scellé du grand Sceau de cire jaune.

Registrée, ouï ce requérant le Procureur Général du Roi, pour être exécutée selon sa forme et teneur, et copies collationnées envoyées aux Bailliages et Sénéchaussées du Ressort, pour y être lue, publiée et registrée : Enjoint aux Substituts du Procureur Général du Roi d'y tenir la main, et d'en certifier la Cour dans un mois, suivant l'Arrêt de ce jour. A Paris en Parlement le sept Septembre mil sept cens trente-six. Signé : DUFRANC.

Cette même Déclaration a été enregistrée dans tous les Parlemens en 1752.

LETTRES PATENTES

PORTANT Réglement pour l'Aggrégation des Maîtres en Chirurgie dans les Villes du Royaume.

Données à Versailles, le 31 Décembre 1750.

LOUIS, par la grâce de Dieu, Roi de France et de Navarre : A nos amés et féaux Conseillers les Gens tenans notre Cour de Parlement à Paris : Salut. Nous étant fait représenter les Ordonnances, Edits et Déclarations concernant la Chirurgie, et notamment les Statuts donnés en 1730, et la Déclaration du 24 Février de la dite année pour les Chirurgiens des Provinces de notre Royaume, enregistrées en notre Cour de Parlement le 13 Août 1731, dont un des principaux objets a été que cet Art n'y pût être exercé que par ceux qui en seraient jugés capables dans les Examens prescrits à cet effet : Nous avons été informés qu'il s'est glissé des abus considérables dans l'exécution de ces Statuts, par la facilité que les Aspirans à l'Art et Science de Chirurgie trouvent à se faire recevoir Maîtres dans les

Communautés peu nombreuses des petites Villes, sans Brevet d'Apprentissage en forme, et même sans aucuns Examens ou épreuves suffisantes, sous la promesse qu'ils font de ne point fixer leur résidence dans lesdites Villes : Nous avons été d'ailleurs instruits du mauvais usage que l'on a fait de la disposition des Articles 68 et 69 des Statuts de 1730, au sujet de l'aggrégation d'une Communauté de Chirurgiens dans une autre Communauté, en ce que ceux qui ont été reçus Maîtres dans une Communauté peu nombreuse, et souvent sans observer ce qui est prescrit par les Statuts, trouvent le moyen de se faire aggréger à des Communautés plus considérables, sur le seul fondement d'une réception et d'une Aggrégation également vicieuses, et même sans rapporter aucuns certificats des Officiers des lieux où ils ont résidé ; en sorte que des Maîtres, qui par leur incapacité, et souvent par une conduite peu régulière, ont perdu la confiance et l'estime du Public dans une petite Ville, trouvent le moyen d'exercer l'Art de Chirurgie dans une Ville souvent plus considérable, au préjudice du Public et du véritable objet des Statuts de l'année 1730, dont le motif a été de favoriser le progrès de la Chirurgie, par la faculté accordée à des Maîtres qui ayant servi le Public avec approbation pendant un temps considérable dans le lieu où ils auroient été reçus, désireroient pour se perfectionner dans leur Profession, de passer dans des Communautés plus célèbres où ils seroient admis en moins de temps et avec moins de frais, en considération de leur premier Examen, et des droits qu'ils auroient payés lors de leur première Réception. Que c'étoit dans cet esprit que, par l'Article 27 des Statuts des Maîtres en Chirurgie de Paris de l'année 1699, il avoit été ordonné que les Maîtres qui se seroient établis dans les principales Villes des Provinces, ne pourroient se faire aggréger aux Maîtres en Chirurgie de la Capitale de notre Royaume, qu'en justifiant préalablement qu'ils auroient exercé la Profession pendant vingt ans et avec réputation, dans le lieu de leur Réception ; que c'est aussi dans ce même esprit que nous avons cru devoir employer notre autorité pour prévenir à l'avenir des abus si préjudiciables au bien public. A CES CAUSES, de l'avis de notre Conseil, Nous avons ordonné, et par ces Présentes signées de notre main, ordonnons, voulons et Nous plaît ce qui suit :

ARTICLE PREMIER.

Qu'en exécution des Titres cinq, six et sept des Statuts de l'année mil sept cent trente pour les Chirurgiens des Provinces au sujet des Réceptions des Aspirans à la Maîtrise en Chirurgie, aucuns de ceux qui aspireront à être reçus Maîtres, ne pourront y être admis, qu'après avoir satisfait exactement à toutes les conditions, subi tous les Examens, et fait tous les Actes probatoires prescrits par lesdits Statuts ; sçavoir, par le Titre cinquième pour la Réception des Aspirans qui se destineront à exercer l'Art de la Chirurgie dans les Villes où il y a une Communauté de Chirurgiens établie, et par le Titre septième desdits Statuts, pour la Réception de ceux qui ne veulent exercer leur Profession que dans des Villes où il n'y a point de Communauté, ou dans les Bourgs ou Villages ; et la même distinction sera observée à l'égard des droits qui devront être acquittés par les uns ou par les autres.

II.

Pour assurer davantage l'exécution desdits Statuts, voulons que les Extraits-Baptistaires des Aspirants et les Certificats de vie et mœurs, Religion Catholique, Apostolique et Romaine, les Brevets de leur Apprentissage, et leurs Enregistrements, les attestations, soit des

Maîtres sous lesquels les Aspirants auroient travaillé, soit des Administrateurs des Hôpitaux où ils auroient servi, ou des Chirurgiens Majors de nos Armées dans lesquelles ils auroient exercé leur Profession pendant le tems réglé par lesdits Statuts et la légalisation desdites attestations, ensemble le nombre et la qualité des Examens par eux subis, ou autres Actes probatoires, soient visés, dans le Registre dans lequel l'Acte de Réception à la Maîtrise sera inscrit, que dans les Lettres de Maîtrise qui leur seront expédiées.

III.

Leur acte de Réception à la Maîtrise, tant pour les Villes où il y a Communauté, que pour celles où il n'y en a point; ensemble pour les Bourgs et Villages, sera signé, tant par le Lieutenant du Premier Chirurgien et les Prévôts, que par tous les Maîtres présens à la Réception, suivant l'Article cinquante neuf des Statuts de 1730, dont sera fait mention dans les Lettres de Maîtrise.

IV.

La disposition des deux précédens Articles sera observée, *à peine de faux*, à l'effet de quoi le Procès sera fait et parfait par les Juges Royaux des lieux, à ceux qui auroient signé ledit acte de Réception, sans qu'il leur soit apparu desdites Pièces et desdits Examens, et actes probatoires.

V.

Interprétant, en tant que de besoin, les Articles soixante-huit et soixante-neuf des Statuts de l'année mil sept cent trente, ordonnons que les Chirurgiens qui ont été ci-devant reçus Maîtres, en conformité desdits Statuts, ou qui le seront à l'avenir suivant ces

Présentes, soit en vertu du Titre cinq desdits Statuts, soit en vertu de l'Article soixante-six, ayant droit d'exercer leur Profession dans les Villes, ne pourront prétendre au droit d'Aggrégation dans les autres Villes, même dans celles où il n'y auroit point de Communauté ni de Lieutenant du Premier Chirurgien, qu'après avoir exercé la Chirurgie pendant *dix ans*, dans les Villes où ils exercent.

VI.

Ne pourra l'Aggrégation être accordée qu'à ceux, qui outre leurs Lettres de Maîtrise, rapporteront des Certificats en bonne forme, donnés par les Lieutenants de notre Premier Chirurgien, les Prévôts ou autres Officiers de la Communauté de la Ville où ils auront été reçus et exercés, comme aussi par le Lieutenant Général et notre Procureur au Bailliage, Sénéchaussée, ou Juge des cas Royaux de ladite Ville ; lesquels Certificats porteront qu'ils ont pratiqué l'Art de Chirurgie avec honneur et capacité pendant le tems et dans les lieux ci dessus marqués ; au moyen de quoi ils pourront être admis à l'Aggrégation par les Lieutenants du Premier Chirurgien, et par les Prévôts et Maîtres desdites Communautés seulement, après avoir subi un seul Examen de trois heures, ainsi qu'il est porté audit Article 69 des Statuts de *1730*. Et en payant pour ladite Aggrégation le *tiers des droits fixés* pour les Réceptions ordinaires ; et sera ledit acte d'Aggrégation inscrit sur le Registre, dans lequel ainsi que dans l'expédition qui en sera délivrée au Maître, seront visés les mêmes actes qui l'auront été dans les Lettres de Maîtrise, ensemble les Certificats portés par le présent Article.

VII.

Les Chirurgiens qui n'auront été reçus que pour

exercer leur Art dans les Bourgs ou Villages, *ne pourront être admis à aucune Aggrégation* ; mais seront tenus, s'ils veulent exercer dans les Villes, de subir tous les Examens, et de satisfaire à toutes les conditions prescrites par le Titre cinq des Statuts de 1730, ou par l'Article 66, chacun en ce qui les concerne : *à la charge néanmoins que sur les frais de leur nouvelle Reception, il leur sera tenu compte des sommes qu'ils auront payées pour la première* (1), quand bien même ils auroient été reçus dans une Communauté différente.

VIII.

Toutes les dispositions ci-dessus seront exécutées selon leur forme et teneur, *à peine de nullité, tant des Receptions que des Aggrégations et d'interdiction contre les Officiers des Corps et Communautés qui y contreviendront, même de privation de la Maîtrise*, ou autre plus grande punition s'il y échet, et pareillement sous la peine *de faux*, suivant l'article 4 ci-dessus.

IX.

Et pour assurer d'autant plus l'exécution, voulons et ordonnons qu'après la Réception à la Maîtrise, soit pour les Villes, ou pour les Bourgs et Villages, et pareillement après l'Aggrégation, le Maître ne puisse exercer dans aucun lieu, qu'après avoir fait préalablement *enregistrer ses Lettres de Maîtrise* ; et en cas d'Aggrégation, *ses Lettres de Maîtrise et d'Aggrégation, au Greffe du Bailliage, Sénéchaussée Royale, ou Juge des cas Royaux dudit lieu*, et ce en vertu d'Or-

(1) On voit par les termes mêmes de cet Article que la diminution des droits ne peut regarder que les Chirurgiens qui déja reçus pour un Village, se font recevoir pour une Ville.

donnance du Juge, et sur les Conclusions de notre Procureur, dans lesquelles seront mises les Pièces mentionnées en l'Article 2 de la présente Déclaration ; ensemble en cas d'Aggrégation, les Certificats énoncés dans l'Article six, *ce qui sera fait sans aucuns frais.* Enjoignons à nos Procureurs, en cas de contravention de poursuivre les Contrevenans conformément aux Articles sept et huit ci-dessus, et d'en donner avis incessamment à nos Procureurs Généraux.

X.

Ordonnons que les contestations civiles qui pourront naître sur l'exécution des Présentes, seront portées en première instance devant les Juges de Police des lieux, et par appel dans nos Cours qui en devront connaître ; le tout sans préjudice de l'enregistrement porté par l'article précédent, au Greffe du Bailliage, Sénéchaussée Royale, ou Juge des cas Royaux, et des accusations, si aucunes y a, qui seront portées dans lesdites Jurisdictions; comme aussi sans préjudice des droits de notre Premier Chirurgien, de ses Lieutenants et Greffiers, portés par notre Edit du mois de Septembre mil sept cens vingt-trois, et par les Déclarations du 24 février 1730 et 3 Septembre 1736, lesquelles seront exécutées, et les contestations à ce sujet portées en la Grand'Chambre de notre Parlement à Paris, conformément à la Déclaration du 25 août 1715. SI VOUS MANDONS et enjoignons que cesdites Présentes vous ayez à faire registrer, et le contenu en icelles exécuter et faire exécuter selon leur forme et teneur, nonobstant tout ce qui pourroit être à ce contraire. Car tel est notre plaisir. DONNÉ à Versailles le trente-un Décembre, l'an de grâce mil sept cens cinquante, et de notre Règne le trente-sixième. *Signé*, LOUIS, *Et plus bas*, par le Roi, M. P. de VOYER D'ARGENSON. Et scellées du grand Sceau de cire jaune.

Registrées, oui ce requérant le Procureur Général du Roi, pour être exécutées selon leur forme et teneur, et copies collationnées envoyées aux Bailliages et Sénéchaussées du Ressort, pour y être lues, publiées et registrées : Enjoint aux Substituts du Procureur Général du Roi d'y tenir la main, et d'en certifier la Cour dans le mois, suivant l'Arrêt de ce jour. A Paris en Parlement, le 26 Mars 1751. Signé, YSAB 'AU.

Ces Lettre atentes ont été enregistrées dans tous les Parlemens du Royaume pour être observées selon leur forme et teneur dans toutes les Communautés des Maîtres en Chirurgie.

ARREST DU CONSEIL D'ETAT DU ROI

Qui fait défenses aux Chirurgiens entretenus pour la Marine, de faire aucuns Pansemens ni autres Opérations de Chirurgie sur les habitans des Villes où ils sont établis, à peine de 500 livres d'amende pour la première fois, à moins qu'ils ne se soient fait aggréger dans les Communautés de Chirurgiens, dans la forme prescrite par cet Arrêt.

Du 25 octobre 1738.

EXTRAIT DES REGISTRES DU CONSEIL D'ETAT

SA MAJESTÉ étant informée des contestattions qui sont survenues entre les Maîtres Chirurgiens des Villes où sont établis ses Arcenaux de Marine, et les Chirurgiens qu'Elle y entretient pour son service, sur ce que les dits chirurgiens entretenus dans la Marine, entreprennent de traiter et panser les Habitans desdites Villes qui ne sont point attachés au service de la Marine ; et

voulant faire cesser lesdites contestations, en maintenant les Maîtres Chirurgiens des Villes de son royaume dans le droit d'y exercer seuls la Chirurgie, à l'exclusion de tous autres. Oui le rapport, et tout considéré : SA MAJESTÉ ÉTANT EN SON CONSEIL, a ordonné et ordonne ce qui suit :

Article Premier

Les Chirurgiens entretenus par Sa Majesté dans la Marine, qui ne seront point aggrégés aux Communautés des Maîtres Chirurgiens des Villes où ses Arcenaux sont établis, ne pourront y travailler et panser que les Officiers entretenus, Soldats, Matelots, Ouvriers ou autres Habitans desdites Villes, actuellement employés et attachés au service de la Marine ; leur défendant S.M. sous peine de cinq cens livres d'amende, pour la première fois, s'il y écheoit, de faire aucun Pansemens ni autres Opérations de Chirurgie sur les autres Habitans desdites Villes, qui ne sont point employés et attachés au service de la Marine.

II.

Lesdits Chirurgiens entretenus dans la Marine, qui voudront exercer la Chirurgie sur tous les Habitans des Villes où ils sont établis, seront tenus de se faire aggréger aux Communautés des Maîtres Chirurgiens desdites Villes.

III.

Ordonne Sa Majesté que ceux desdits Chirurgiens entretenus dans la Marine, qui demanderont à se faire aggréger aux dites Communautés, y seront admis, en subissant un seul Examen de pratique, lequel sera fait par le Lieutenant du Premier Chirurgien de Sa Majesté en présence des Prévôts, du Doyen, et de tous les autres Maîtres Chirurgiens, qui seront mandés à cet effet, et en faisant par écrit un Rapport tel que sont ceux qui se font en Justice, dont le sujet sera donné par ledit Lieutenant du Premier Chirurgien de Sa Majesté.

IV.

Chaque Chirurgien entretenu dans la Marine qui se fera aggréger aux Communautés des Maîtres Chirurgiens, payera pour tous frais la somme de *deux cens livres*, de laquelle somme il sera donné, sçavoir, *soixante livres* au Lieutenant du Premier Chirurgien de Sa Majesté, *six livres* à chacun des Prévôts et au Doyen, *trente livres* au Greffier, *deux livres* à chacun desdits Maîtres Chirurgiens présens, et ce qui restera de ladite somme sera remis à la Bourse commune.

V.

Lesdits Chirurgiens entretenus dans la Marine seront pareillement tenus, pour être reçus Maîtres dans lesdites Villes, de prêter serment entre les mains du Premier Chirurgien de Sa Majesté; après quoi il leur sera délivré des Lettres de Maîtrise, signées par ledit Lieutenant, et contresignées par le Greffier.

VI

ORDONNE Sa Majesté, que ceux desdits Chirurgiens entretenus dans la Marine, qui se feront ainsi aggréger aux dites Communautés, seront inscrits dans la Liste des Maîtres Chirurgiens, et jouiront des mêmes droits dont jouissent les autres Maîtres desdites Communautés, sans pouvoir néanmoins louer leur Privilège : Enjoint Sa Majesté aux Intendants et Commissaires Ordonnateurs dans les Ports et Arcenaux de Marine, et à tous autres qu'il appartiendra, de tenir la main à l'exécution du présent Arrêt, qui sera exécuté selon sa forme et teneur, nonobstant oppositions ou autres empêchemens, dont si aucuns interviennent, Sa Majesté s'est réservé la connoissance, et icelle interdit à toutes ses Cours et Juges. Fait au Conseil d'Etat du Roi, Sa Majesté y étant, tenu à Fontainebleau le vingt-cinq Octobre mil sept cent trente-huit. *Signé*, PHELYPEAUX, avec paraphe.

ARREST
DU CONSEIL D'ETAT DU ROY

Qui fait défenses aux Chirurgiens Majors des Hôpitaux Militaires, de faire aucuns Pansemens ni autres Opérations de Chirurgie sur les Habitans des Villes où ils sont établis, à peine de 500 livres d'amende pour la première fois : à moins qu'ils ne se soient fait aggréger dans les Communautés de Chirurgiens dans la forme prescrite par cet Arrêt.

Du 28 Septembre 1749.

EXTRAIT DES REGISTRES DU CONSEIL D'ETAT.

Le Roy étant informé des contestations qui arrivent, soit entre les Maîtres Chirurgiens des différentes Villes du Royaume, et les Chirurgiens Majors des Hôpitaux Militaires des villes, sur ce que ces derniers se croyent en droit par leurs Brevets d'exercer la Chirurgie dans le Public sans avoir le soin de se faire admettre à la Maîtrise, soit à l'occasion des Permissions que plusieurs Gouverneurs des Provinces accordent à des Chirurgiens sans qualité pour exercer la Chirurgie dans les Villes de leur Gouvernement; et SA MAJESTÉ voulant faire cesser ces contestations, en maintenant les Maîtres Chirurgiens des Villes de son Royaume dans le droit d'y exercer seuls la Chirurgie à l'exclusion de tous autres : Oui le Rapport, tout considéré, SA MAJESTÉ ÉTANT EN SON CONSEIL, a ordonné et ordonne ce qui suit :

ARTICLE PREMIER.

Les Chirurgiens Majors des Hôpitaux Militaires des Villes du Royaume qui ne seront point Membres des Communautés des Chirurgiens de ces Villes, et qui ne s'y seront point fait aggréger, ne pourront exercer aucune fonction de leur Art que sur les Officiers, Soldats et autres Particuliers dépendant ou attachés aux différens Corps des Troupes du Roi : Fait défenses Sa Majesté, auxdits Chirurgiens de faire aucuns Pansemens ni autres Opérations de Chirurgie sur les Habitans de ces Villes, et sur les personnes qui ne sont point employées et attachées au Service Militaire ; et ce, à peine de cinq cent livres d'amende pour la première fois, et de plus grande peine s'il y échecit.

II

Les dispositions de l'Article 95 des Statuts généraux pour les Chirurgiens des Provinces du Royaume, seront observées selon leur forme et teneur ; en conséquence, fait défenses, Sa Majesté, à tous Particuliers, Chirurgiens et Soldats servans et attachés aux Régimens d'exercer la Chirurgie lorsqu'ils seront dans les Villes, si ce n'est pour les Officiers, les Soldats et autres personnes employées au service desdits Régimens ; le tout à peine de trois cent livres d'amende, ainsi qu'il est porté audit Article 95 des Statuts de 1730.

III

Ne pourront les Gouverneurs des Provinces, Lieutenans Généraux et Lieutenans Particuliers des Villes, accorder, sous quelque prétexte que ce soit, aucune permission de faire exercer la Chirurgie dans les lieux dépendans de leur Gouvernement ; et ce, conformément à l'Article second de l'édit du mois de Février 1692, qui sera observé à cet égard selon sa forme et teneur.

IV

Les Chirurgiens Majors des Hôpitaux Militaires qui voudront se faire aggréger aux Communautés de Chirurgiens des Villes où sont établis ces Hôpitaux, y seront admis en subissant un seul Examen de pratique, lequel sera fait par le Lieutenant du Premier Chirurgien de sa Majesté, en présence des Prévôts, du Doyen et de tous les autres Maîtres de la Communauté qui seront mandés à cet effet, et en faisant par écrit un rapport tel que sont ceux qui se font en Justice, dont le sujet sera donné par le Lieutenant du Premier Chirurgien de sa Majesté.

V

Chacun desdits Chirurgiens qui se feront aggréger aux Communautés des Maîtres Chirurgiens, payera pour tous frais la somme de *deux cent livres*, de laquelle somme il sera donné, sçavoir, *soixante livres* au Lieutenant du Premier Chirurgien de Sa Majesté, *six livres* à chacun des Prévôts et Doyen, *trente livres* à chacun desdits Maîtres Chirurgiens présens, et ce qui restera de ladite somme de deux cent livres sera admis à la Bourse commune.

VI

Les Chirurgiens Majors ainsi aggrégés, seront tenus immédiatement après leur Aggrégation, de prêter serment entre les mains du Lieutenant du Premier Chirurgien du Roi ; après quoi il leur sera délivré des

Lettres de Maîtrise, signées par le Lieutenant et contre-signées par le Greffier.

VII

ORDONNE Sa Majesté, que ceux desdits Chirurgiens qui auront été aggrégés aux Communautés, seront inscrits dans la liste des Maîtres Chirurgiens de ces Communautés, et qu'ils jouiront des mêmes droits dont jouissent les autres Maîtres, sans pouvoir néanmoins, non plus que ces Maîtres, louer le Privilège de leur Maîtrise.

VIII

Ne seront dans le cas d'être admis à ladite Aggrégation que les seuls Chirurgiens Majors des Hôpitaux Militaires établis dans les Villes des Provinces du Royaume, qui auront été nommés auxdites places de Chirurgiens Majors par Brevet de Sa Majesté, et pour prévenir les abus qui pourroient arriver à cet égard, Sa Majesté excepte formellement les dispositions des Articles précédens, les Chirurgiens des Citadelles, Réduits, Châteaux et autres endroits particuliers : En sorte que ces Chirurgiens ne pourront exercer la Chirurgie que dans les lieux seulement où ils seront établis, et non dans les Villes auxquelles ces lieux sont attachés, qu'en subissant tous les Actes, et en payant les droits que payent les autres Aspirans ; Veut, Sa Majesté, qu'il en soit de même par rapport aux Chirurgiens Majors des Régimens.

IX

ENTEND d'ailleurs, Sa Majesté, que le présent Arrêt de Réglement, en ce qui concerne l'Aggrégation des Chirurgiens des Hôpitaux, n'ait point lieu à Paris, Lyon, Rouen, Bordeaux, Rennes, Nantes, Dijon, Besançon, Toulouse, Aix, Marseille, Montpellier, Grenoble, la Rochelle, Orléans, Lille, Arras et Metz, attendu que dans la plûpart de ces Villes les Chirurgiens Majors desdits Hôpitaux sont Membres des Communautés de Chirurgiens des mêmes Villes. Et, cependant, s'il s'en trouvoit qui ne fussent pas Membres des Communautés de Chirurgiens, et qui voulussent obtenir la faculté d'exercer la Chirurgie dans lesdites Villes, ils seroient admis à la Maîtrise en Chirurgie en se conformant à toutes les dispositions des Réglemens rendus à ce sujet, à l'exception néanmoins qu'au défaut de Brevet d'Apprentissage, celui de leur nomination de Chirurgien Major leur en tiendroit lieu, et qu'ils seroient en outre dispensés de payer le droit de la Bourse commune. Enjoint Sa Majesté, aux Intendans, Commissaires des Guerres, et à tous autres qu'il appartiendra comme Gouverneurs et Lieutenans Généraux en ses provinces, et Gouverneurs Particuliers de ses Villes et Places, de tenir la main, chacun en droit foi, à l'observation dudit Arrêt qui sera exécuté selon sa forme et teneur, nonobstant oppositions ou autres empêchemens, dont si aucuns interviennent, Sa Majesté s'est réservée la connoissance, et icelle interdit à toutes ses cours et autres Juges... Fait au Conseil d'État du Roi Sa Majesté y étant tenu, à Versailles le vingt-huitième du mois de Septembre mil sept cent quarante-neuf. *Signé*, M. P. DE VOYER D'ARGENSON.

ARREST
DU CONSEIL D'ETAT DU ROY

Qui ordonne que dans les Villes du Royaume où le Premier Chirurgien du Roi n'aura point de Lieutenant, et dans celles où sa Lieutenance sera vacante, il pourra commettre pour procéder à la Reception des Apirans, qui voudront se faire admettre à la Maîtrise en Chirurgie pour ces Villes tels de ses Lieutenans qu'il jugera à propos (1).

du 17 septembre 1727.

EXTRAIT DES REGISTRES DU CONSEIL D'ETAT

Sur la Requête présentée au Roi, étant en son Conseil par Georges Mareschal, Ecuyer, Premier Chirurgien de Sa Majesté, Chef et Garde des Chartres de la Barberie et Chirurgie du Royaume, contenant : Que, par Edit du mois de Septembre 1723, portant rétablissement des Offices de Lieutenans de son Premier Chirurgien dans tous les lieux où il y en avait avant l'Edit de création des Chirurgiens-Jurés-Royaux, étant sursis à toutes Réceptions des Maîtres, jusqu'à ce que les Lieutenans ayent été reçus et installés, à peine de nullité des Réceptions, trois cens livres d'amende contre ceux qui y auront procédé, et de la restitution des sommes qui se trouveront avoir été perçues à ce sujet, sauf aux Aspirans à se faire examiner en présence de son Premier Chirurgien ou en celle de son Lieutenant en la Chambre de Saint Côme à Paris, avec tel Maître qu'il jugera à propos, pour en cas de capacité leur être délivré Lettres de Maîtrise pour les Villes où ils auront dessein de s'établir ; plusieurs Aspirans dans les Villes et Bourgs du Royaume où les Lieutenances ne sont point encore remplies, ont différé de se faire recevoir Maîtres, soit parce que leurs affaires ne leur permettent point de se transporter en la Ville de Paris, soit parce que leur éloignement les jetteroit dans une dépense très considérable pour leur voyage et leur retour

(1) On joint ici cet Arrêt pour rappeler aux Lieutenants qu'ils ne sont pas en droit de recevoir des Aspirans pour les lieux qui ne dépendent point de leur Lieutenance à moins qu'ils n'y soient autorisés par un ordre particulier du Premier Chirurgien du Roi.

ce qui pouvant être en même temps préjudiciable au Public et aux Particuliers. A CES CAUSES, requiert le Suppliant qu'il plaise à Sa Majesté ordonner que dans les Communautés des Chirurgiens des Villes et Bourgs du Royaume où il n'y a point de Lieutenant du Premier Chirurgien établi, ou en cas de vacance dudit Office, les Aspirans pourront se faire examiner et recevoir par tel des plus prochains Lieutenans qui leur seront indiqués par le Premier Chirurgien, et ensuite aggrégés en la forme ordinaire dans la Communauté où ils auront dessein de s'établir ; qu'au cas de refus ou de délai de les aggréger, la signification par eux faite dans le mois de leur Réception seulement, tant de l'Arrêt qui interviendra, de l'indication du Premier Chirurgien, que de leurs Lettres de Maîtrise à l'ancien Prévôt Juré ou Officier en charge; ensemble au Médecin qui y doit être présent, leur tiendra lieu d'Aggrégation, sans qu'ils soient tenus de payer aucuns droits à ce sujet, et que du jour de la signification ils auront Boutique ouverte avec les marques extérieures des Maîtres Chirurgiens, qu'ils auront rang dans la Communauté, et en feront Corps sans difficulté, et qu'il soit enjoint aux sieurs Intendants et Commissaires départis dans les Provinces et Généralités du Royaume, de tenir la main à l'exécution de l'Arrêt qui interviendra, lequel sera exécuté selon sa forme et teneur, nonobstant toutes oppositions ou autres empêchements quelconques; Vû ladite Requête et les pièces y attachées : Oui le Rapport du Sieur le Pelletier, Conseiller d'Etat ordinaire et au Conseil Royal, Contrôleur Général des Finances, SA MAJESTÉ ÉTANT EN SON CONSEIL, ayant égard à ladite Requête, a ordonné et ordonne *que dans les Communautés des Chirurgiens des Villes et Bourgs du Royaume où il n'y a point de Lieutenant établi, ou en cas de vacance dudit Office, les Aspirans pourront se faire examiner et recevoir par tels des plus prochains Lieutenans qui leur seront indiqués par son Premier Chirurgien, pour être par lesdits Lieutenants examinés en la manière ordinaire, et reçus s'ils en sont jugés capables, ensuite aggrégés aussi dans la forme ordinaire dans la Communauté où ils auront dessein de s'établir :* VEUT *Sa Majesté qu'en cas de refus ou délai de les aggréger, la signification faite par les Maîtres dans les mois de leur Reception, tant du présent Arrêt, de l'indication de son Premier Chirurgien, que de leurs Lettres de Maîtres à l'ancien Prevot-Juré ou Officier en charge, ensemble au Médecin qui y doit être présent, tienne lieu d'Aggrégation sans qu'ils soient tenus de payer aucuns droits à ce sujet,* et que du jour de la signification, ils puissent avoir Boutique ouverte avec les marques extérieures des Maîtres Chirurgiens, qu'ils ayent rang dans la Communauté, et en fassent Corps sans aucune difficulté. Enjoint Sa Majesté aux Sieurs Intendans et Commissaires départis dans les Provinces et Généralités du Royaume, de tenir la main à l'exécution du présent Arrêt, qui sera exécuté selon sa forme et teneur, nonobstant toutes oppositions ou autres empêchemens, dont si aucuns interviennent, Sa Majesté s'est reservée la connoissance, et icelle interdit à toutes ses Cours et Juges. Fait au Conseil d'Etat du Roi, Sa Majesté y étant, tenu à Fontainebleau le seizième jour de Septembre mil sept cens vingt-sept. *Signé*, PHELYPEAUX.

ARREST
DU CONSEIL D'ETAT DU ROI

CONCERNANT les Distributeurs de Remèdes (1).

Du 10 Septembre 1754.

Extrait des Registres du Conseil d'Etat.

Le Roi s'étant fait représenter, en son Conseil, les Arrêts rendus les 3 Juillet et 25 Octobre 1728, 11 et 17 Mars 1731, et 13 Octobre 1752, par lesquels Sa Majesté auroit ordonné plusieurs dispositions pour éviter les inconvéniens de la distribution qui se fait par différents Particuliers, d'un nombre considérable de Remèdes appelés spécifiques, et autres. Sa Majesté s'étant fait rendre compte en même-tems de représentations faites à ce sujet par le sieur de Senac, Conseiller d'Etat, son Premier Médecin, Elle auroit reconnu que les dispositions contenues dans lesdits Arrêts ne sont pas suffisantes, soit pour prévenir l'application trop générale que l'on a coutume de faire desdits Remèdes, et par là devient toujours dangereuse, soit pour faire consta-

(1) Comme toutes les Communautés de Chirurgiens ne sont pas instruites des formalités, dont les Brevets de la Commission doivent être revêtus, on a cru devoir joindre ici l'Arrêt du Conseil du 10 Septembre 1754. Cet Arrêt établit d'une manière très précise la forme de ces Brevets et les bornes dans lesquelles doivent se renfermer ceux qui en sont pourvus. On y voit qu'ils y sont restraints *à la seule distribution du Remède énoncé dans leurs Brevets sans avoir le droit de visiter aucun Malade, d'en recevoir chez eux, de se charger d'aucune sorte d'opération dépendante de la Chirurgie, etc., à peine mille livres d'amende.*

Messieurs les Officiers de Police peuvent se servir de ce Règlement, pour juger de la validité des Brevets qui leur sont présentés, et pour accorder ou refuser le débit des Remèdes, suivant la conformité desdits Brevets aux dispositions qu'il contient.

On trouvera encore ci-après un Arrêt du Parlement conforme aux dispositions de celui-ci, sur les defenses faites à tout Distributeur de Remèdes d'exercer la Chirurgie sous quelque prétexte que ce soit.

ter d'une manière certaine leurs différens succès, dans dans le cas où il peut convenir d'en faire usage. Et Sa Majesté désirant pourvoir à un objet si intéressant pour la santé de ses sujets : Oui le rapport, LE ROI ÉTANT EN SON CONSEIL, a ordonné et ordonne ce qui suit :

ARTICLE PREMIER.

LESDITS Arrêts des 3 Juillet et 25 Octobre 1728, 11 et 17 Mars 1731, et 13 Octobre 1752 seront exécutés suivant leur forme et teneur.

II

En conséquence, Sa Majesté a commis et commet de nouveau, et en tant que de besoin, les sieurs de Senac Premier Médecin, la Vigne Premier Médecin de la Reine en survivance, le Doyen de la Faculté de Médecine de Paris, Pousse le fils, Malouin, Lorry, Ferret et Macquer, Médecins de ladite Faculté ; la Martinière, Premier Chirurgien, Foubert, Faget, Andouillé, Chirurgiens ; le premier Garde Apothicaire, Boulduc et Liege, Apothicaires à Paris, à l'effet d'examiner les Brevets, Permissions et Privilèges accordés pour la distribution des Remèdes, Spécifiques et autres ; pour, sur les avis qu'ils en donneront en conformité desdits Arrêts, lesdits Remèdes être approuvés ou rejettés, et les Brevets, Permissions ou Privilèges être confirmés ou révoqués : comme aussi à l'effet de donner leur avis sur les demandes qui pourront être faites de semblables Permissions et Privilèges, conformément aux Arrêts ci-dessus mentionnés et à l'Article suivant.

III

Il ne sera expédié ni délivré aucuns Brevets par son Premier Médecin, pour la distribution des Remèdes particuliers, qu'en conséquence d'une délibération signée de tous ceux qui composent la commission, et inscrite sur un Registre qui sera tenu à cet effet ; et seront lesdits Remèdes communiqués au Premier Médecin avant l'examen de ladite commission. Les maladies et les circonstances auxquelles ils seront jugés applicables seront spécifiées dans lesdits Brevets et privilèges, dans lesquels il sera aussi marqué expressément que ceux qui les auront obtenus ne pourront prescrire les Remèdes que sous la direction ou par permission d'un Médecin, le tout à peine de nullité desdits Brevets et Privilèges.

IV

Ne pourront lesdits Brevets et Privilèges être accordés que pour le tems et espace de trois années ; passé lequel tems seront tenus, ceux en faveur de qui ils auront été expédiés, de les rapporter pour en obtenir le renouvellement, lequel ne pourra être accordé non plus que pour le même terme de trois ans, ni être délivré que sur les certificats donnés par les Médecins et Chirurgiens des lieux où lesdits remèdes auront été employés, du bon effet qu'ils auront produit, et desquels certificats il sera fait mention dans les Brevets de renouvellement ; et en cas qu'aucuns desdits Brevets et Privilèges, ou aucuns renouvellements d'iceux ayent été expédiés pour un temps indéfini, ils ne pourront avoir lieu que pendant ledit temps de trois années, à compter du jour de leur date : le tout à peine de nullité desdits Brevets et Privilèges, de mille livres d'amende applicable aux Hôpitaux desdits lieux, même de punition exemplaire contre ceux qui auront continué à distribuer leurs Remèdes après le temps porté, soit dans leurs Brevets, Privilèges, soit dans les renouvellements d'iceux.

V

Les minutes desdits Brevets, ainsi que le Registre qui en sera tenu, et celui dans lequel doivent être inscrites les délibérations de ladite Commission, demeureront entre les mains du Premier Médecin, pour y avoir recours en cas de besoin.

VI

Pour éviter toute surprise dans le Public de la part des Distributeurs desdits Remèdes qui auront été examinés et approuvés; Veut et ordonne sa Majesté que les Brevets ou extraits d'iceux, ne puissent être inscrits dans les Mercures, Gazettes, Journaux ou autres écrits publics, ni être affichés ni publiés autrement dans les rues, et que ceux qui les auront obtenus ne puissent faire imprimer aucun Ouvrage ni Relation de Guérison opérée par leurs Remèdes, qu'après qu'ils en auront obtenu du Premier Médecin, sur l'avis de la Commission, une Permission, qui ne pourra leur être accordée que sur des attestations suffisantes desdites Guérisons, dont il sera fait mention dans lesdites Permissions, à peine contre les Contrevenans d'être déchûs de leurs privilèges et permissions, et de cinq cens livres d'amende applicable à l'Hôpital des lieux.

VII

Les Particuliers qui auront obtenu lesdits Brevets ou Permissions, seront tenus, dans les lieux où ils distribueront leurs Remèdes, de communiquer un double de chaque Brevet ou privilège aux Doyens des Facultés, Collèges et Aggrégations de Médecine desdits lieux, ou s'il n'y en a pas, à ceux des lieux les plus voisins où il y en aura, lesquels Doyens auront soin d'informer exactement le Premier Médecin du succès ou des inconvénients qui auront été observés dans l'usage desdits Remèdes, de même que des abus et des contraventions qui se commettront dans l'administration d'iceux. Seront de plus obligés les Porteurs desdits Brevets, quand ils sortiront d'un lieu où ils auront distribué leurs Remèdes, de se munir d'un certificat par lequel il apparoisse que les Brevets ont été communiqués aux Médecins desdits lieux, ou des lieux les plus prochains, et que ce n'est qu'en conséquence de cette communication qu'ils ont obtenu la permission de distribuer leurs Remèdes dans lesdits lieux.

VIII

Faite défenses Sa Majesté à tous Gouverneurs et Magistrats des Villes dans les Provinces, de permettre à des gens sans qualité, comme Opérateurs ou autres, de distribuer et débiter aucuns Remèdes, s'ils n'ont été approuvés de la Commission, et qu'il ne soit apparu auxdits Gouverneurs et Magistrats, des Brevets et Privilèges dans les formes ci-dessus. Comme aussi Sa Majesté veut et entend qu'ils ne puissent permettre à ceux qui auront obtenu des Brevets, de distribuer leurs Remèdes qu'après que lesdits Brevets auront été présentés aux Doyens des Facultés de Médecine, ou au défaut de Facultés, au plus ancien Médecin des lieux, auxquels lesdits Particuliers seront tenus de s'adresser auparavant pour cela. Veut pareillement et ordonne Sa Majesté que lesdits Particuliers ne puissent faire usage desdits Brevets ou Permissions, dans aucun lieu, qu'après les avoir fait préalablement enregistrer au Greffe de la Prévôté de l'Hôtel, et ce, uniquement pour constater la vérité desdits Brevets; et faute par eux d'avoir fait procéder audit Enregistrement, et de n'avoir pas communiqué aux Médecins lesdits Brevets, ils seront déchûs de leurs Privilèges, nonobstant toutes permissions obtenues dans les lieux où ils seront, contre les dispositions ci-dessus, et pourront même être poursuivis comme pour crime faux, suivant les ordres qui en seront donnés par sa Majesté.

IX

Fait Sa Majesté très-expresses inhibitions et défenses à ceux qui auront obtenu lesdits Brevets, même à ceux dont les privilèges se trouveroient autorisés par des Lettres Patentes, de les transporter ou de les communiquer à d'autres Particuliers, sous quelque forme ni de quelque manière que ce soit ; comme aussi d'établir des Commissionnaires pour l'administration de leurs Remèdes : et ne pourront, sur-tout les Opérateurs ou Distributeurs des Remèdes en public, être autorisés par lesdits Brevets ou Lettres Patentes accordées à d'autres, et ce à peine contre les Contrevenans d'être déchûs de leurs Privilèges, et de cinq cens livres contre lesdits Commissionnaires ou autres auxquels lesdits Privilèges auroient été communiqués, même de punition exemplaire contre les uns et les autres.

X

Fait aussi Sa Majesté pareilles inhibitions et défenses à tous ceux qui auront obtenu lesdits Brevets ou permissions, de prendre des habits étrangers ni aucun autre déguisement que ce soit pour distribuer lesdits Remèdes, de visiter aucuns Malades, ni en recevoir chez eux pour des consultations, de se charger du traitement d'aucunes maladies, et *d'entreprendre, aucune opération chirurgique au préjudice des Arrêts et Règlemens concernant les droits et la police de la Chirurgie du Royaume ;* Sa Majesté voulant qu'ils soient bornés uniquement à débiter les

Remèdes pour lesquels ils auront obtenu des Brevets, et conformément auxdits Brevets : le tout à peine contre les Contrevenans d'être déchûs de leurs Privilèges, de mille livres d'amende, même d'être poursuivis extraordinairement suivant la rigueur des Ordonnances.

XI

Fait encore Sa Majesté inhibitions et défenses à tous Colporteurs de vendre et transporter dans les Provinces aucunes Drogues, excepté les Drogues simples et autres permises par les Règlemens : leur défend expressément de vendre aucunes compositions officinales ou pharmaceutiques, de quelque espèce que ce soit, qu'après avoir obtenu une Permission du Premier Médecin sur l'avis de la Commission, comme ceux qui ont des Privilèges pour débiter des Remèdes particuliers. Veut et ordonne en outre Sa Majesté que les Colporteurs qui auront obtenu ladite Permission ne puissent faire la vente desdites compositions officinales qu'après que la visite en aura été faite, et qu'elles seront jugées de bonne qualité et bien conditionnées, par le Doyen de la Faculté ou par le plus ancien Médecin, et par le plus ancien Apothicaire, desquels ils seront tenus d'en prendre des certificats : le tout à peine d'être déchûs des Permissions qu'ils auront obtenues, de mille livres d'amende et d'être poursuivis extraordinairement suivant la rigueur des Ordonnances.

XII

Entend pareillement Sa Majesté que lorsqu'il arrivera des maladies épidémiques, ou des cas extraordinaires jusqu'ici inconnus, soit en fait de Médecine ou de Chirurgie, dans la Ville de Paris, il en soit donné avis à la Commission par les Médecins ou Chirurgiens chargés du soin des malades, lesquels s'adresseront pour cela au Premier Médecin ; et seront au surplus invités, s'il est ainsi jugé à propos, à venir faire le détail de ladite maladie ou desdits cas extraordinaires, à ladite Commission, à laquelle les Médecins et Chirurgiens des Provinces seront pareillement tenus dans les mêmes cas d'en envoyer le récit, qui sera adressé au Premier Médecin, et qui contiendra aussi la manière dont les Malades auront été traités ; et du tout en sera tenu Registre qui restera entre les mains du Premier Médecin et dans lequel sera fait mention du progrès et de l'issue de la maladie ou desdits cas extraordinaires.

XIII

Enjoint très-expressément Sa Majesté à tous les Corps des Facultés de Médecine et d'Aggrégations du Royaume, ainsi qu'à tout les Lieutenans du Premier Chirurgien, de dénoncer à ladite Commission, en s'adressant au Premier Médecin, tous Distributeurs de Remèdes, Colporteurs ou soi-disans Apothicaires de Maisons particulières ou Communautés, qui, contre les droits des trois Corps de la Médecine, débiteront des Secrets, les administreront dans les maladies sans avoir aucun Titre, Permissions ou Brevets du Premier Médecin dans la force ci-dessus prescrite.

XIV

Et pour prévenir toutes sortes de contestations et de procès entre les trois professions des Médecins, Chirurgiens et Apothicaires, en ce qui peut regarder les différens objets et la police desdites professions, veut Sa Majesté et ordonne de nouveau, et en tant que de besoin, que ladite Commission, après s'être fait représenter les Statuts et Réglemens, donne son avis sur les difficultés nées ou à naître, concernant l'exercice, la discipline et les limites de chacune desdites professions pour ledit avis vû et rapporté, y être pourvû par Sa Majesté au sieur Berryer Conseiller d'Etat, Lieutenant Général de Police, et aux sieurs Intendans et Commissaires départis dans les Provinces et Généralités du Royaume, de tenir la main à l'exécution du présent Arrêt, qui sera lû, publié et affiché par tout où besoin sera, et sur lequel toutes Lettres nécessaires seront expédiées. FAIT au Conseil d'Etat du Roi, Sa Majesté y étant, tenu à Versailles, le dix Septembre mil sept cent cinquante-quatre. *Signé :* PHELYPEAUX.

ARREST DE LA COUR DE PARLEMENT

Qui fait défenses à tous Empyriques, Charlatans vendeurs d'Orviétan et tous autres Particuliers, d'exercer la Chirurgie, sous quelque prétexte que ce soit, comme aussi de vendre et distribuer aucuns Remèdes, Baumes, Onguents, etc., à moins qu'ils ne soient pourvûs de Brevets et Permissions revêtus des formes prescrites par les Règlemens : à peine de 500 livres d'amende et de saisie de leurs Remèdes, Equipages et Chevaux.

Du 15 juillet 1755.

EXTRAIT DES REGISTRES DU PARLEMENT

Louis, par la grâce de Dieu Roi de France et de Navarre : Au premier Huissier de notre Cour de Parlement, ou autres Huissier ou Sergent sur ce requis ; sçavoir faisons : Que vû par la Cour la Requête présentée par Germain Pichault de la Martinière, Ecuyer,

Conseiller, Premier Chirurgien du Roi, Chevalier de l'Ordre de Saint-Michel, Chef de la Chirurgie du Royaume, Président de l'Académie Royale de Chirurgie, et Garde des Chartres et Privilèges dudit Art, à ce que pour les causes y contenues, il plût à la Cour ordonner que les Statuts de mil sept cent trente, enregistrés en la Cour le 13 Août 1731, Arrêts et Règlemens concernant la Chirurgie, seront exécutés selon forme et teneur; en conséquence, conformément à l'Art. IV desdits Statuts, faire défenses à tous Empyriques, vendeurs d'Orviétan, et à toutes personnes de quelque qualité et condition qu'elles soient, non reçus Maîtres dans les Communautés du Royaume où le Suppliant a droit d'avoir des Lieutenans, et sur-tout à celles qui se disent munis de Brevet de la Commission, d'exercer en façon quelconque l'Art de la Chirurgie; leur faire défenses aussi de distribuer aucuns remèdes spécifiques concernant ledit Art, comme Orviétan, Poudres, Beaumes, Onguents et autres médicamens, tant internes qu'externes, à moins qu'ils ne soient pourvûs de Brevets et Permissions, revêtus des formalités prescrites par les Statuts, le tout sous les peines portées par lesdits Statuts, Arrêts et Réglemens, et de 500 livres d'amende, conformément auxdits Statuts; en cas de contravention, permettre au Supliant et à ses Lieutenans, de faire saisir et arrêter les Chevaux, Equipages et Médicamens, dont les contrevenans se trouveront munis, et à cet effet de se faire assister d'Huissiers, Archers de Maréchaussée et de toutes autres personnes qui se trouveront nécessaires, pour que force demeure à Justice; permettre au Suppliant de faire imprimer, lire, publier et afficher l'Arrêt qui interviendra dans tous les Lieux et Endroits qu'il jugera à propos. Vû les pièces attachées à ladite Requête, signée Beaudeau, Procureur; Conclusions du Procureur; Conclusions du Procureur Général du Roi : Oui le Rapport de Me Elie

Bochart Conseiller, tout considéré, NOTRE DITE COUR ordonne que lesdits Statuts de 1730, Arrêts et Réglemens, concernant la Chirurgie, seront exécutés selon leur forme et teneur, en conséquence, conformément à l'Art. IV, desdits Statuts, fait défenses à tous Empyriques, vendeurs d'Orviétan, et toutes autres personnes de quelque qualité et condition qu'elles soient, non reçus Maîtres dans les Communautés des Villes du Royaume, où le Suppliant a droit d'avoir des Lieutenans, et sur-tout à celles qui se disent munis de Brevets de la Commission, d'exercer en façon quelconque l'Art de Chirurgie; leurs fait défenses de distribuer aucuns remèdes spécifiques concernant ledit Art, comme Orviétan, Poudres, Baumes, Onguents et autres Médicamens, tant internes qu'externes, à moins qu'ils ne soient pourvûs de Brevets et Permissions revêtus des formalités prescrites par les Statuts, le tout sous les peines portées par les Statuts, Arrêts et Réglements, et de 500 livres d'amende en cas de contravention; permet au Suppliant et à ses Lieutenans de faire saisir et arrêter les Chevaux, Equipages et Médicamens, dont les contrevenans se trouveront munis; et à cet effet, de se faire assister d'Huissiers et Archers de Maréchaussée, et de toutes autres personnes en nombre suffisant, pour que force demeure à Justice; permet aussi au Suppliant de faire imprimer, lire, publier et afficher le présent Arrêt, dans tous les Lieux et Endroits qu'il jugera à propos. Si mandons au premier Huissier de notre dite Cour de Parlement, ou autres Huissier ou Sergent sur ce requis, mettre le présent Arrêt à dûe et entière exécution, en tout son contenu, selon la forme et teneur; de ce faire te donnons plein et entier pouvoir. Donné en Parlement le quinzième jour de Juillet, l'an de grace mil sept cent cinquante-cinq et de notre Règne le quarantième. Collationné. Signé, BARON, avec paraphe : et plus bas, *Par la Chambre*, DU-

FRANC, avec paraphe. Et à côté est écrit : Scellé le 15 Juillet mil sept cent cinquante-cinq. *Signé*, GAUTHIER, avec paraphe.

ARREST
DU PARLEMENT DE PARIS

Qui ordonne l'Exécution des Statuts de 1730, sur ce qui concerne l'assistance du Médecin aux Actes de Réception des Aspirans à la Maîtrise en Chirurgie. En conséquence, déboute le sieur Caze, pourvû de l'Office de Médecin Royal en la Ville de Bordeaux, de sa prétention d'assister à tous lesdits Actes, et d'y interroger les Aspirans.

Du 2 Juillet 1749.

LOUIS, par la grace de Dieu, Roi de France et de Navare : Au premier des Huissiers de notre Cour de Parlement, ou autre Huissier ou Sergent sur ce requis; sçavoir faisons : Qu'entre Pierre *Caze* Aggrégé au Collège de Médecine de Bordeaux, se disant Conseiller-Médecin ordinaire du Roi dans la Ville de Bordeaux, Demandeur en Requête par lui présentée au Grand Sénéchal de Guyenne, ou son Lieutenant Général de Police de Guyenne, le 14 Septmebre 1743, tendante à ce que vû les créations et sa réception dans la Charge de Médecin, il lui plût de ses graces ordonner qu'il jouiroit des Honneurs, Priviléges, Fonctions et Droits attribués à sadite Charge de Médecin; qu'à ces faits que les Chirurgiens de ladite Ville de Bordeaux, ne pourroient faire aucun Examen ni Réception des Aspirans à la Chirurgie, qu'il n'y fût appellé, qu'il n'eût examiné les Aspirans, donné sa voix délibérative, signé le premier sur le Registre, et ce, suivant et conformément aux Edits et Déclarations ; ce qui s'observoit par ses Prédécesseurs, et que défenses leur seroient faites d'y contrevenir, et qu'en cas de contravention, que les Contrevenans seroient condamnés en 1000 livres d'amende et aux dépens ; ladite demande évoquée en notredite Cour, par Arrêt du 20 Décembre audit an 1743, d'une part, et Pierre *Ballay*, Lieutenant du Premier Chirurgien du Roi en la Communauté des Maîtres Chirurgiens de la Ville de Bordeaux, Défendeur d'autre partie et entre ledit sieur *Ballay*, Demandeur en Requête inférée en l'Arrêt dudit jour 20 Décembre 1743, et aux fins des Commissions, Pareatis et Exploit des 30 dudit mois de Décembre 1743 et 17 Janvier 1744, à ce que sur toutes les demandes, les Parties fussent tenues de procéder en notre dite Cour, avec défenses de procéder ailleurs d'une part, et le sieur *Caze*, Défenseur d'autre part ; et entre le sieur *Caze*, Demandeur en Requête et Exploit des 24 Août, 14 Septembre et 21 Octobre 1743, par lui présentée devant le Grand Sénéchal de Guyenne, ou son Lieutenant de Police, aussi tendante à ce qu'il fût ordonné qu'il jouiroit des Honneurs, Privilèges, Fonctions et droits attribués à sadite qualité et charge, qu'en conséquence, que les Chirurgiens de la Ville de Bordeaux ne pourroient faire aucun Examen ni Réception des Aspirans à la Chirurgie, qu'il n'y fût appelé, qu'il n'eût examiné l'Aspirant, donné sa voix délibérative, signé le premier sur le Registre, et ce, suivant et conformément aux Edits de Création de son Office ; et que défenses seroient faites au Défendeur ci-après d'y contrevenir ; et qu'en cas de contravention, que les Contrevenans fussent condamnés en 1.000 liv. d'amende et aux dépens, d'une part, et la

Communauté des Maîtres Chirurgiens de la Ville de Bordeaux, Défendeurs d'autre, et entre ledit sieur *Caze* Demandeur en Requête des 21 Janvier 1745 et 29 Mai en suivant, la première, tendante à ce qu'en plaidant la Cause d'entre les parties que les Conclusions par lui prises devant le Lieutenant Général de Police de ladite Ville de Bordeaux, évoquée en notre dite Cour, lui seroient adjugées, et que l'Arrêt à intervenir, seroit déclaré commun avec ledit *Ballay*, en qualité de Lieutenant du Premier Chirurgien du Roi en ladite Ville de Bordeaux, et que la Communauté des Chirurgiens de ladite Ville de Bordeaux, et ledit *Ballay* fût condamné aux dépens, et la seconde à fin d'opposition à l'exécution de l'Arrêt de notre dite Cour du 19 dudit mois de Mai, signifié le 28 d'icelui, à ce qu'en faisant droit sur leur opposition, que la procédure fût déclarée nulle, qu'au principal il fût ordonné que les Parties en viendroient au premier jour, et que les Défendeurs ci-après nommés, fussent condamnés aux dépens d'une part, et la Communauté des Maîtres Chirurgiens de ladite Ville de Bordeaux, et ledit *Ballay*, Défendeur d'autre, et entre ladite Communauté desdits Maîtres Chirurgiens de ladite Ville de Bordeaux, Demandeur en Requête du 24 Mai 1745, tendante à ce qu'Acte leur fût donné de ce que pour plus amples défenses et fins de non-recevoir contre la demande dudit sieur *Caze*, elle employoit le contenu en leur dite Requête : que ce faisant, sans s'arrêter à la demande dudit sieur *Caze*, dans laquelle il seroit déclaré non-recevable, ou en tout cas débouté ; qu'il fût ordonné que les Lettres Patentes en forme de Statuts pour les Chirurgiens de Province établis ou non établis en Corps de Communauté, communauté, confirmées par la Déclaration du Roi du 14 Février 1730, et Arrêts d'enregistrement d'iceux, seroient exécutés selon leur forme et teneur ; qu'en conséquence que le dit *Caze* fût condamné en leurs dommages et intérêts, à donner par Déclaration, et en tous les dépens, tant en demandant, défendant, que de la sommation et dénonciation faite, tant contre ledit sieur *Ballay*, que contre ledit *Caze*: et qu'où notre dite Cour y feroit difficulté, de lui adjuger lesdites Conclusions, ce qu'il n'estimoit pas, et n'avoit aucun lieu de présumer, qu'en ce cas, qu'en faisant droit sur leur demande en dénonciation du 6 Décembre 1743, aussi évoqué en notre dite Cour, que ledit sieur *Ballay* fût condamné à l'acquitter, garantir et indemniser de toutes les condamnations qui pourroient être contre elle prononcée, tant en principal qu'accessoire, et en outre, en tous les dépens, tant en demandant, défendant, que de la sommation et dénonciation d'une part ; et lesdits sieurs *Caze* et *Ballay*, Défendeurs d'autre part ; et entre ledit sieur *Ballay*, Demandeur en Requête des 5 Mai 1745, 19 Décembre 1747 ; la première tendante à ce qu'il fût reçu partie intervenante dans les Contestations pendantes et indécises en notre dite Cour, entre ledit sieur Pierre *Caze* et ladite Communauté des Chirurgiens de Bordeaux, qu'Acte lui fût donné de ce que pour moyens d'intervention, il employoit le contenu en leur Requête ; qu'Acte lui seroit pareillement donné, de ce qu'il prenoit le fait et cause de ladite Communauté des Chirurgiens de Bordeaux, sur la Demande contre eux formée par ledit sieur *Caze* devant le Sénéchal de Guyenne, par Requête et Exploit des 14 Septembre et 21 Octobre 1743 évoqué en notre dite Cour, par Arrêt du 30 Décembre suivant ; qu'Acte lui seroit pareillement donné de ce qu'il contresommoit et dénonçoit audit sieur *Caze* la demande en formation et dénonciation contre lui formée à la Requête de ladite Communauté des Maîtres Chirurgiens de Bordeaux, par Exploit du 6 Décembre 1743, que ce faisant qu'il fût ordonné que lesdits Statuts et Réglements Généraux donnés pour toutes les Communautés des Provinces du Royaume établies ou non établies en Corps de Communauté, notamment les Articles 51, 64, 66, 74 et 75 d'iceux, confirmés par la Déclaration du Roi du 24 Février 1730, et Arrêts d'enregistrement, ensemble l'Arrêt de notre dite Cour, du 3 Septembre 1740, seront exécutés selon leur forme et teneur; qu'en conséquence que sans s'arrêter, ni avoir égard à la demande du sieur *Caze*, dans laquelle il seroit déclaré non recevable ou en tout cas débouté; qu'il fût ordonné que ledit sieur *Caze*, conformément à l'Article 64 desdits Statuts et audit Arrêt de notredite Cour, du 3 Septembre 1740, n'auroit droit d'assister à la Réception des Aspirans à la Maîtrise des Chirurgiens qu'aux Actes, appellés *Tentative, premier et dernier examen* et *à la Prestation de Serment ;* que défenses lui seroient faites d'en exiger d'autres, à peine de 500 liv. d'amende, et qu'il fût condamné en ses dommages et intérêts, résultans du trouble à lui fait dans les fonctions de son Office de Lieutenant du Premier Chirurgien du Roi, à donner par Déclaration, et en tous les dépens, tant envers eux, qu'envers la Communauté des Maîtres Chirurgiens de ladite Ville de Bordeaux, fait tant en demandant, défendant, que la sommation, contre sommation et dénonciation, sans préjudice à lui de tous ses autres Droits et Action, et la seconde, à ce que ledit sieur *Caze* fût déclaré non recevable dans toutes ses demandes, ou dont en tout cas qu'il en fût débouté et condamné en tous les dépens d'une part, et ledit *Caze* et ladite Communauté des Maîtres Chirurgiens de ladite Ville de Bordeaux, tous Défendeurs d'autre, après que *Tribard*, Avocat de Pierre *Caze*, et *Doulcet*, Avocat de Pierre *Ballay* et de la Communauté des Chirurgiens de la Ville de Bordeaux, ont été oüis, ensemble *le Febvre d'Ormesson* pour notre Procureur Général, NOTREDITE COUR reçoit Pierre *Ballay*, l'une des Parties de *Doulcet*, Partie intervenante, lui donne Acte de ce qu'il prend le fait et cause de la Communauté des Chirurgiens de Bordeaux, sans s'arrêter aux demandes de la Partie de *Tribard*, ayant égard à celle des Parties de *Doulcet*, ordonne que les Statuts et Règlemens Généraux concernant les Communautés des Chirurgiens établies ou non établies en Corps de Communauté, et notamment les articles 64, 66, 67, 74 et 75, confirmés par la Déclaration du Roi du 24 Février 1730, et Arrêt d'enregistrement d'icelle du 13 Août 1731, seront exécutés selon sa forme et teneur; en conséquence, ordonne que la Partie de *Tribard n'aura droit d'assister à la Réception des Aspirans à la Maîtrise de Chirurgie qu'aux Actes appelés Tentative, premier et dernier Examen, et à la Prestation de Serment, la déboute du surplus de ses demandes;* sur la demande en dommages et intérêts formée par la Partie de *Doulcet* met les parties hors de Cour, condamne la Partie de *Tribard* en tous les dépens envers les Parties de *Doulcet*, même en ceux de sommations et contresommations. Mandons mettre le présent Arrêt à exécution selon sa forme et teneur, de ce faire te DONNONS POUVOIR. Donné en notredite Cour de Parlement, le 2 Juillet, l'an de grâce mil sept cent quarante-neuf, et de notre règne le trente-quatrième. Collationné, Laurent. Par la Chambre, *Signé*, Dufranc.

LETTRES PATENTES

Qui ordonnent que les Maîtres en l'Art et Science de la Chirurgie du Royaume, qui exerceront pure-

ment et simplement leur Profession, jouiront en qualité de Notables Bourgeois des Villes et Lieux de leur résidence, des honneurs, distinctions et privilèges dont jouissent les autres Notables Bourgeois : Qu'ils pourront en conséquence être pourvûs des Offices Municipaux des Villes ; Qu'ils seront exempts de la Collecte de la Taille, de Guet et Garde, de Corvées et autres Charges publiques, et défendent de les comprendre à l'avenir dans les rôles des Arts et Métiers, et d'assujettir leurs Elèves au sort de la Milice.

Louis, par la Grâce de Dieu, Roi de France et de Navarre : A nos amés et féaux Conseillers les Gens dans nos Cours de Parlement et des Aydes à Paris : Salut. Sur ce qui Nous a été représenté par notre cher et bien aimé le Sieur de la Martinière notre premier Chirurgien ; que les progrès que la Chirurgie a faits depuis plusieurs années, sont dûs aux prérogatives et distinctions que nous avons accordées depuis le commencement de notre règne, à ceux qui se sont adonnés à cet Art : qu'en confirmant par notre Déclaration du 27 février 1730, l'Edit du mois de Février 1692, Nous avons autorisé les Status et Réglemens faits pour les Chirurgiens de nos différentes Provinces ; que suivant ces Statuts ceux qui exerceront purement et simplement la Chirurgie sont réputés exercer un Art libéral et doivent jouir de tous les privilèges attachés aux Arts libéraux ; que par notre Déclaration du 24 Avril 1743, Nous avons donné des marques signalées de notre protection aux Chirurgiens de notre bonne Ville de Paris ; que notre Déclaration a rendu à cet Art le lustre et la considération qui lui sont propres, et qui cependant étaient presque entièrement effacés par l'avilissement dans lequel il étoit tombé ; qu'Elle a ranimé le zèle et l'application des Chirurgiens de notre bonne Ville de Paris ; les Ecoles en sont devenues plus célèbres, les Elèves qui y ont été formés ont répandu dans nos Provinces l'esprit d'émulation qu'ils y avoient puisé; les Chirurgiens des autres Villes de notre Royaume ont bientôt été animé du même esprit; on a vû s'établir des Ecoles publiques à Montpellier, Toulon, Bordeaux, Rouen, et tous ceux qui ont embrassé cette Profession, contribuer à la gloire de leur Art par leur application à former les sujets qui s'y destinent, et par leurs travaux multipliés pour étendre leurs connoissances et perfectionner leurs recherches; Que dans la vue de leur en marquer notre satisfaction, Nous avons par différens Arrêts de notre Conseil revêtus de nos Lettres Patentes, déclaré les Chirurgiens de plusieurs villes dans lesquelles il exerçoient purement et simplement la Chirurgie, Notables Bourgeois des Villes de leur résidence, et avons ordonné qu'ils jouiroient des prérogatives attachées à cette qualité; qu'il nous supplioit de vouloir bien expliquer pareillement nos intentions en faveur de ceux qui s'adonnent entièrement et sans aucune restriction à cet Art dans les autres Villes de notre Royaume, et de confirmer en même-tems les autres prérogatives et exemptions, qu'il nous a déjà plû d'accorder à ceux qui exercent cet Art et qui s'y destinent; et désirant exciter encore plus, s'il est possible, le zèle et l'émulation de ceux qui s'adonnent à un Art si nécessaire pour la conservation de nos Sujets, persuadé que les nouvelles marques de notre protection les encourageront à redoubler leurs efforts pour ne négliger aucune des connoissances qu'exige la Profession qu'ils ont embrassé; à quoi Nous y avons pourvû par l'Arrêt de ce jourd'hui rendu en notre Conseil d'Etat, Nous y étant, pour l'exécution duquel Nous avons ordonné que toutes Lettres nécessaires seront expédiées. A CES CAUSES, de l'avis de notre Conseil, qui a vû ledit Arrêt, dont l'extrait est ci-attaché sous le contre-Scel de notre Chancellerie, et conformément à icelui, Nous avons ordonné, et par ces Présentes signées de notre main, ordonnons que les Maîtres en l'Art et Science de Chirurgie des villes et Lieux où ils exerceront purement et simplement la Chirurgie sans aucun mélange de Profession mécanique, et sans faire aucun commerce ou trafic, soit par eux ou par leurs femmes, seront réputés exercer un Art libéral et scientifique, et jouiront en cette qualité des honneurs, distinctions et privilèges dont jouissent ceux qui exercent les Arts libéraux : Voulons et entendons que lesdits Chirurgiens soient compris dans le nombre des Notables Bourgeois des Villes et Lieux de leur résidence, et qu'ils puissent à ce titre être revêtus des Offices municipaux desdites Villes dans le même rang que les Notables Bourgeois ; défendons de les comprendre dans les rôles d'Arts et Métiers, ni de les assujettir à la taxe de l'industrie ; et seront lesdits Chirurgiens exempts de la Collecte de la Taille, de Guet et Garde, de Corvées et de toutes autres Charges de Ville et publiques, dont sont exempts, suivant les usages et Règlemens observés dans chaque Province, les autres Notables Bourgeois et Habitans des Villes et Lieux où ils auront leur établissement : Permettons auxdits Chirurgiens d'avoir un ou plusieurs Elèves, soit pour être aidés dans leurs fonctions, soit pour les instruire des principes de la Chirurgie (1) ; lesquels

(1) Cette disposition semble accorder à tous les Chirurgiens, même à ceux des Bourgs, Villages et autres, qui ne sont pas Maîtres de Communauté, le droit de faire des Apprentis et d'avoir des Elèves ou garçons.

Mais il faut remarquer que ce droit leur étant expressément interdit par l'Article 35 des Statuts généraux, et que les Lettres Patentes du 10 Août 1756 ne contenant aucune dérogation particulière a cet Art, elles ne peuvent apporter aucun changement à ses dispositions. La 1re Loi subsiste à cet égard dans toute son intégrité, et doit toujours avoir son effet. Une dérogation générale, et qui n'est pas nommément déterminée, ne tombe que sur les objets relatifs au but du Règlement où elle est exprimée. Quel est celui des Let. Pat. du 10 Août ? De soustraire les Chirurgiens,

Elèves,au nombre de deux,seront exempts de tirer à la Milice; le tout à la charge, tant par lesdits Maîtres que par leurs Elèves, d'exercer purement et simplement la Chirurgie : Dérogeons à tous usages, Coûtumes et Réglemens contraires à notre dit Arrêt et à ces Présentes. Si vous MANDONS que ces Présentes vous ayez à faire registrer (même en tems de Vacations), et le contenu en icelles, ensemble ledit Arrêt, exécuter selon leur forme et teneur : CAR tel est notre plaisir. DONNÉ à Compiègne le dixième jour d'Août, l'an de grâce mil sept cens cinquante six,et de notre règne le quarante-

---

qui exerceront purement et simplement leur Profession, de toutes les Charges incompatibles avec la qualité des *Notables* qui leur est accordée : la dérogation que contient ce Réglement tombe donc seulement sur les Loix, Usages et Coûtumes qui pourroient être contraire à ce Privilège : mais il ne change rien à la forme des Communautés, ni aux établissements précedemment faits sur la discipline qui doit y être observée; ce n'est pas là son objet. Il en résulteroit cependant cet inconvénient et on pouvoit en inferer que les Chirurgiens qui ne sont pas Maitres de Communautés pourront avoir des Apprentifs et des Elèves.

Quand donc Sa Majesté déclare, d'une part, que les Chirurgiens des Villes et *Lieux* de son Royaume jouiront des prérogatives attribuées aux autres Notables Bourgeois et Habitans, et qu'Elle leur accorde de l'autre l'exemption de la Milice pour leurs *Elèves;* on ne peut conclure autre chose de cet enoncé, si ce n'est que tous les Chirurgiens indistinctement, même ceux des Bourgs et Villages qui exerceront purement et simplement leur Profession (et qui auront les qualités requises par les enregistremens) jouiront par eux-mêmes des avantages dont jouissent les autres Notables : et qu'en outre, *ceux qui* (aux termes des Statuts) *seront dans le cas d'avoir des Elèves*, ceux-là seulement procureront l'exemption de Milice à deux de leurs Elèves. Telle est d'après les Réglemens generaux qui font toujours Loi comme par le passé, et dont on ne peut s'écarter, la seule et unique interpretation que l'on doit donner aux expressions dont il s'agit ici.

On auroit tort encore de conclure de cette explication, qu'il est donc permis maintenant d'avoir deux Apprentifs; cette conséquence, qui seroit également contraire à l'article 34 des Statuts généraux, ne seroit pas mieux fondée. Il s'ensuit que les Maîtres peuvent avoir un Apprentif et un garçon ou Aide, ou s'ils n'ont pas d'Apprentifs, comme le nombre des Aides n'est pas fixé par les Règlemens, qu'ils peuvent en avoir plusieurs, mais qu'il n'y en aura que deux exempts de la Milice.

unième. *Signé*, LOUIS : *Et plus bas*, Par le Roi, M. P. DE VOYER D'ARGENSON. Et scellé du grand Sceau de cire jaune.

Registrées, ce consentant le Procureur Général du Roi, pour jouir par l'Impétrant et les Maîtres en l'Art de Chirurgie, qui exerceront purement et simplement la Chirurgie de leur effet et contenu, et être exécutés selon leur forme et teneur, sans qu'on puisse, sous les termes de fonctions publiques, y comprendre les fonctions de Marguilliers, Commissaires des Pauvres et autres fonctions de Religion, de Piété et de Charité, suivant l'Arrêt de ce jour. A Paris, en Parlement, le sept Septembre mil sept cent cinquante six. Signé, YSABEAU.

Registrées en la Cour des Aydes, oui le Procureur Général du Roi, pour être exécutées selon leur forme et teneur : A la charge que pour jouir par lesdits Maîtres en l'Art de Chirurgie, de l'exemption de la Collecte, et par les Apprentifs ou Elèves, des autres exemptions qui leur sont accordées, lesdits Maîtres et lesdits Elèves seront tenus d'avoir pris le grade de Maîtres-ès-Arts dans l'une des Universités du Royaume, ou de justifier par des Certificats en bonne forme, qu'ils ont fréquenté pendant trois années entières et consécutives, les Ecoles de Chirurgie, légitimement établies ; ou qui le seront à l'avenir en vertu des Lettres Patentes enregistrées en la Cour. Fait à Paris en ladite Cour des Aydes, les Chambres assemblées, le vingt Septembre mil sept cent cinquante-six. Collectionné.

Signé, DESORMES.

Ce même Réglement a été adressé dans les autres Cours du Royaume.

MODÈLES

De Lettres de Maîtrise,

pour les Chirurgiens des Villes, Bourgs et Villages des Provinces et pour les Sages Femmes.

Toutes les Requêtes doivent être adressées ainsi :

A Monsieur le Premier Chirurgien du Roi, ou son lieutenant en la Ville de

Supplie humblement, N............, etc.

Voyez l'Article 63 des Statuts,

Modèle de Lettres de Maîtrise pour un Maître d'une Ville où il y a Communauté.

Voyez l'Article 32 des Statuts et l'Article 2 des Lettres Patentes du 31 Décembre 1750.

Germain Pichaut de La Martinière, écuyer, Conseiller, Chevalier de l'Ordre de S. Michel, Premier Chirurgien du Roi, Chef de la Chirurgie du Royaume, Président de l'Académie Royale de Chirurgie, et Garde des Chartres, Statuts et Privilèges dudit Art : A tous ceux qui ces présentes Lettres verront, Salut. Scavoir faisons : que sur la requête à Nous présentée par N........ natif de.......... fils de N. et de N., ses père et mère, âgé de........... suivant son Extrait Baptistaire en date du. .... faisant profession de la Religion Catholique, Apostolique et Romaine. Ainsi qu'il est attesté par les Certificats de vie et mœurs joints à ladite Requête ; contenant, qu'il s'est appliqué à l'étude de la Chirurgie, a fait son apprentissage pendant deux années sous le sieur N. Maître en Chirurgie en cette Ville, *ou* en la Communeauté de N. suivant le Brevet qui en a été passé devant N. duement enregistré en notre Greffe le................. *ou* au Greffe de la Communauté de N............. le............ le Certificat dudit sieur N. en date du........... qu'il a de plus servi pendant trois ans après son apprentissage (*c'est le moindre temps de service*. Voyez l'Article 33), sous les sieurs NN. *ou* sous le sieur N. Maître en Chirurgie en cette Ville, suivant les Certificats de N. N. *ou* le Certificat de N. en date du.......... et dûement légalisés par......... et désirant parvenir à la Maîtrise, il Nous auroit requis son immatricule, sur laquelle Requête Notre Lieutenant a ordonné qu'elle seroit communiquée aux Prévôts et Gardes en charge,*ou* au Prévôt et Garde en Charge, lesquels *ou* lequel en ayant eu communication ont *ou* a consenti qu'il porte ses Billets de convocation chez tous les Maîtres : ayant porté ses Billets, supplié dans l'Assemblée générale, subi l'Examen ordinaire auquel il a été admis, son immatricule a été consentie, ordonnée et faite ; ayant depuis son premier Examen fait les trois semaines d'Ostéologie, d'Anatomie, et des Saignées et Médicamens ; ayant depuis porté ses Billets de convocation pour son dernier Examen, Réception et Prestation de serment en conséquence de l'Ordonnance de Notre Lieutenant étant au bas de ladite Requête à Nous présentée ; et s'étant cejourd'hui présenté en notre Chambre de Juridiction, conduit par N. Maître en Chirurgie,il a été interrogé et examiné par notre Lieutenant, les *ou* le Prévôt et Garde en Charge, et par N., Médecin de la Faculté de.............. (*et si le Médecin n'y veut point assister ou qu'il soit absent, on mettra*) quoi a été mandé N. Médecin de la Faculté de........ Ledit Aspirant retiré, pris l'avis de l'Assemblée, qui l'a jugé capable ; Nous avons ledit N. reçu et admis, recevons et admettons à la Maîtrise en Chirurgie pour la Ville de........... à l'effet d'y exercer ledit Art prendre Enseigne, jouir des mêmes Droits et Privilèges, Immunités et Prérogatives dont jouissent les Autres Maîtres reçus pour la même Ville, après que notre Lieutenant a dudit N. pris et reçu le Serment en tel cas requis et accoutumé ; En témoin de ce, Me N. notre Lieutenant à signé ces Présentes, à celles fait apposer le Scel et Cachet de notre dite Chambre de Juridiction et contresigner par notre Greffier ordinaire. Ce fut fait et donné en notre chambre de Jurisdiction de le jour de mil sept cent.

Modèle pour un Maître d'une Ville où il n'y a point de Communauté
Voyez l'Article 66 des Statuts.

GERMAIN PICHAULT DE LA MARTINIÈRE, Ecuyer, Conseiller, Chevalier de l'Ordre de Saint-Michel, Premier Chirurgien du Roi, Chef de la Chirurgie du Royaume Président de l'Académie Royale de Chirurgie et Garde des Chartres, Statuts et Privilèges dudit Art : A tous ceux qui ces présentes Lettres verront, SALUT. Sçavoir faisons : Que sur la Requête à nous présentée par *N.* natif de âgé de suivant son Extrait baptistaire en date du fils de *N.* et de *N.* les père et mère, faisant profession de la Religion Catholique, Apostolique et Romaine, ainsi qu'il est attesté par les Certificats de vie et mœurs joints à ladite Requête ; CONTENANT, qu'il s'est appliqué à l'étude de la Chirurgie, a fait son apprentissage chez *N.* Maître en Chirurgie à son Brevet duement enregistré au Greffe de la Communauté de qu'il a travaillé sous *N.* pendant ans, suivant les Certificats de *N.* en date du et duement légalisé par désirant parvenir à la Maîtrise et s'établir en la Ville de dépendante du Département de notre Lieutenance de il nous auroit requis de lui vouloir donner jour pour être procédé à ses Examens et expériences, et s'il est jugé capable, lui accorder nos Lettres de Maîtrise pour ladite

Ville de sur laquelle Requête notre Lieutenant en la dite Ville de auroit ordonné qu'il se présenteroit cejourd'hui en notre Chambre de Juridiction de ladite Ville de où étant comparu, conduit et présenté par *N*, Maître en Chirurgie en ladite Ville de il y a été examiné et interrogé par notre Lieutenant, les Prévôt *ou* le Prévôt et Garde en Charge, le Doyen et deux Maîtres de la Communauté des Maîtres en Chirurgie de ladite Ville, en présence de Maître *N*. Médecin de la même Ville, sur l'Anatomie du corps humain, l'Ostéologie, les Fractures et Luxations, sur les Saignées, les Aposthèmes, Playes, Ulcères et Médicamens; ensuite desquels Examens ledit *N*. retiré, pris l'avis de l'Assemblée, qui l'a trouvé capable, Nous avons ledit *N*. reçu et admis, recevons et admettons Maître Chirurgiens pour la Ville de pour y exercer ledit Art, pendre Enseigne, jouir des mêmes Droits et Privilèges, Immunités et Prérogatives dont jouissent ou doivent jouir les autres Maîtres reçus par Nous ou nos Prédécesseurs pour la même Ville, après que notre Lieutenant a dudit *N*. pris et reçu le Serment en tel cas requis et accoutumé; En témoin de ce, M[e] *N*. notre Lieutenant en ladite Ville de a signé ces Présentes, à icelles fait apposer le Scel et Cachet de notre dite Chambre de Jurisdiction, et contresigner par notre Greffier ordinaire. Ce fut fait et donné en notre Chambre de Jurisdiction, le jour du mois de mil sept cens

Modèle pour les Bourgs et les Villages
Voyez l'Article 67 des Statuts

N.N. Maître en Chirurgie à Lieutenant de Monsieur le Premier Chirurgien du Roi en la Ville et Fauxbourg de et ressort : A tous ceux qui ces présentes Lettres verront, SALUT.

Sçavoir faisons : Que sur la Requête à Nous présentée par *N.* âgé de suivant son Extrait Baptistaire en date du faisant profession de la Religion Catholique, Apostolique et Romaine, ainsi qu'il est attesté par les Certificats de vie et mœurs joints à la dite Requête ; CONTENANT qu'il a fait son Apprentissage sous le Sieur N. Maître en Chirurgie à suiuant le certificat en date du *ou* qu'il a servi sous *N.* pendant ans, suivant les certificats des dûement légalisés par et désirant s'établir au lieu de il nous auroit requis de lui accorder nos Lettres de Maître Chirurgien, pour résider audit lieu de seulement et non ailleurs ; sur laquelle Requête après avoir vû l'Extrait-Baptistaire du Suppliant, certificat de vie et mœurs, d'Apprentissage et de service, Nous avons ordonné que le Suppliant, se représenteroit cejourd'hui heures du matin *ou* de relevée, en notre Chambre de Jurisdiction ordinaire, où étant comparu, conduit et présenté par *N.* Maître en Chirurgie de cette ville, Nous l'avons interrogé et examiné, et fait interroger et examiner par les Prévôts *ou* le Prévôt en Charge, et le Doyen de la Communauté des Chirurgiens de cette Ville, sur les principes de la Chirurgie, les Saignées, les Aposthèmes, les Playes et Médicamens en présence de *N.* Médecin (*s'il y en a un qui ait droit d'assister à l'Examen ;*) ensuite desquels Examens, ledit *N.* retiré, pris l'avis de l'Assemblée, qui l'a trouvé capable ; Nous avons ledit *N.* reçu et admis, recevons et admettons Maître Chirurgien, pour résider au Village *ou* Bourg de dépendant de ce ressort, et non ailleurs, y exercer ledit Art de Chirurgie, pendre Enseigne, avoir toutes les marques ordinaires et accoutumées, jouir des mêmes Droits et Privilèges dont jouissent et doivent jouir les autres Maîtres reçus pour ledit Lieu, par Nous ou nos Prédécesseurs, à la charge de ne pouvoir s'établir ailleurs dans notre ressort sans notre permission par écrit; et que dans les Opérations décisives, il sera tenu d'appeller un Maître de cette Communauté pour lui donner conseil, à peine de nullité des Présentes, et avons dudit *N.* pris et reçu le Serment en tel cas requis et accoutumé : En témoin de ce Nous avons signé ces Présentes, à icelle fait apposer le Cachet de nos Armes, et contresigner par le Greffier de notre Communauté. Ce fut fait et donné en notre Chambre de Jurisdiction ordinaire de le nom jour d

Modèle pour une Sage Femme d'une Ville où il y a Communauté.

Voyez les Articles 71, 72, 73, 74 et 75 des Statuts

GERMAIN PICHAULT DE LA MARTINIÈRE, Ecuyer, Conseiller, etc. A tous ceux qui ces présentes Lettres verront, SALUT. Sçavoir faisons : Que sur la Requête à nous présentée par *N.* native de âgée de (*vingt ans au moins*) faisant profession de la Religion Catholique, Apostolique et Romaine; CONTENANT, qu'elle s'est appliquée à l'Art des Accouchemens, a fait son Apprentissage pendant deux années sous la Dame *N.* Maîtresse Sage-Femme en cette Ville, *ou* sous le Sieur *N.* Maître Chirurgien-Accoucheur en cette Ville, suivant le Brevet passé devant, etc., le, etc. enregistrée au Greffe de notre Chambre de Jurisdiction de cette Ville le, etc., et le certificat de ladite Dame *N.* *ou* dudit Sieur N. en date du, etc., *ou* a fait son Apprentissage pendant deux années à l'Hôtel-Dieu de *N*, *ou* à l'Hôtel-Dieu de Paris pendant trois mois, suivant les certificats des sieurs Administrateurs et de la Jurée-Sage-Femme dudit Hôpital, en date, etc., et désirant parvenir à la Maîtrise pour cette Ville de elle nous auroit requis de lui donner jour pour être procédé à ses Examens, sur laquelle

Requête notre Lieutenant auroit ordonné qu'elle seroit communiquée *ou* au Prévôt en Charge, lesquels *ou* lequel en ayant eu communication, ont *ou* a consenti qu'il fût donné jour à la Suppliante ; vû lequel consentement, ensemble l'Extrait-Baptistaire de la Suppliante, Brevet, d'Apprentissage et certificats de vie et mœurs, notre Lieutenant auroit ordonné que la Suppliante se représenteroit cejourd'hui
heure du matin *ou* de relevée en notre Chambre de Jurisdiction de ladite Ville de *N.* où étant comparue, conduite et présentée par *N.* Maîtresse Sage-Femme en cette Ville, elle a été interrogée et examinée par notre Lieutenant, les *ou* le Prévôt et garde en Charge, le Doyen de la Communauté des Chirurgiens et la Sage-Femme Jurée *ou* la plus ancienne Sage-Femme de cette ville, sur ledit Art des Accouchemens ; ensuite desquels Examens, ladite *N.* retirée, pris l'avis de l'Assemblée qui l'a trouvée capable, Nous avons ladite *N.* reçue et admise, recevons et admettons Maîtresse Sage-Femme en ladite Ville de pour y exercer ledit Art, pendre Enseigne et avoir toutes les marques ordinaires et accoutumées, à la charge que dans les Accouchemens laborieux et dans lesquels il y aura risque de la vie, soit pour la mère, soit pour l'enfant, elle sera tenue d'appeller un Maître Chirurgien de cette Ville, pour lui donner Conseil, à peine de nullité des Présentes ; et après que notre Lieutenant a de ladite *N.* pris et reçu le Serment en tel cas requis et accoutumé. En témoin de ce notre Lieutenant a signé ces Présentes, à icelle fait apposer le Scel et Cachet de notre Chambre de Jurisdiction, et coutresigner par *N.* notre Greffier ordinaire et de notre dite Chambre de Jurisdiction. Fait et donné à

Modèle pour une Sage-Femme des Villes où il n'y a pas de Communauté.
Voyez l'article 73 des Statuts.

GERMAIN PICHAULT DE LA MARTINIÈRE, etc. A tous ceux, etc. Sur la Requête à nous présentée par *N.* native de âgée de (*vingt ans au moins*,) faisant profession de la Religion Catholique, Apostolique et Romaine ; CONTENANT, qu'elle s'est appliquée à l'étude de l'Art des Accouchemens, a travaillé sous *N.* suivant le Certificat du et désirant parvenir à la Maîtrise et s'établir en la Ville de dépendante du Département de notre Lieutenance de elle Nous auroit requis de vouloir lui donner jour pour être procédé à ses Examens, et si elle est jugée capable de lui accorder nos Lettres de Maîtrise pour ladite Ville de sur laquelle Requête notre Lieutenant en ladite Ville de après avoir vû son Extrait-Baptistaire, Certificats de vie et mœurs et de service, a ordonné qu'elle se présenteroit cejourd'hui heures du matin *ou* de relevée en notre Chambre de Jurisdiction de ladite Ville de où étant comparue, conduite et présentée par *N.* Maîtresse Sage-Femme de ladite Ville, elle y auroit été interrogée et examinée, tant sur la théorie, que sur la pratique de l'Art des Accouchemens, par notre Lieutenant, le plus ancien des Prévôts actuellement en Charge, (*ou s'il n'y en a qu'un*) le Prévôt en Charge et le Doyen de la Communauté ; ensuite desquels Examens ladite *N.* retirée, pris l'avis de l'Assemblée qui l'a trouvée capable, Nous avons ladite *N.* reçue et admise, recevons et admettons Maîtresse Sage-Femme en ladite Ville de pour y exercer ledit Art, pendre Enseigne, et avoir toutes les marques ordinaires et accoutumées, à la charge expresse de ne pouvoir s'établir ailleurs dans l'étendue

du ressort de la Communauté de ladite Ville de *N.* sans notre permission par écrit ou celle de notre Lieutenant en icelle, et que dans les Accouchemens difficiles et où il y aura du risque, soit pour la mère, soit pour l'enfant, elle sera tenue d'appeler un Maître Chirurgien pour lui donner conseil ; le tout à peine de nullité des Présentes, après que notre Lieutenant a de ladite *N.* pris et reçu le Serment en tel cas requis et accoutumé ; En témoin de ce notre Lieutenant en ladite Ville de...a signé ces présentes, à icelle fait apposer le Scel et Cachet de notre Chambre de Jurisdiction, et contresigner par notre Greffier ordinaire. Ce fut fait et donné en notre Chambre de Jurisdiction de
le

Modèle pour une Sage-Femme des Bourgs et Villages.

Voyez l'Article 77 des Statuts.

N. N. Maître en Chirurgie à *N.* Lieutenant de Monsieur le Premier Chirurgien du Roi en ladite Ville de *N.* A tous ceux qui ces présentes Lettres verront, Salut. Sçavoir faisons : que sur ce qui nous a été représenté par N. native de N. âgée *(de vingt ans au moins)*, faisant profession de la foi Catholique, Apostolique et Romaine, qu'elle s'est appliquée à l'étude de l'Art des Accouchemens, et est en état de l'exercer et de s'établir au village de N. et après avoir vu l'Extrait-Baptistaire de ladite N. et les Certificats de ses Vie et Mœurs, Nous l'aurions interrogée et fait interroger par le plus ancien des Prévôts actuellement en charge *(ou s'il n'y en a qu'un)*, par le Prévot en Charge tant sur la théorie, que sur la pratique de l'Art des Accouchemens, ensuite desquels Examens, ayant jugé ladite N. suffisamment instruite, Nous avons ladite N. reçue et admise, recevons et admettons Maîtresse Sage-Femme, pour résider au Village de N. et non ailleurs, pour y exercer ledit

Art, prendre Enseigne, et avoir toutes les marques ordinaires et accoutumées, à la condition expresse de ne pouvoir changer son domicile, sans notre permission par écrit, et que dans les Accouchemens laborieux où il y aura risque de la vie, soit pour la mère, soit pour l'enfant, elle sera tenue d'appeller un Maître Chirurgien de la Communauté de cette Ville, pour lui donner Conseil ; le tout à peine de nullité des présentes, et avons ladite N. pris et reçu le Serment en tel cas requis et accoutumé, En témoin de ce Nous avons signé ces Présentes, à icelles fait apposer le Cachet de nos Armes et Contresigner par le Greffier de notre Communauté. Ce fut fait et donné à N. en notre Chambre de Juridiction ordinaire le...

Modèle d'une Commission de Prévost :

Nous... Lieutenant de Monsieur le Premier Chirurgien du Roi en la Communauté des Maîtres en Chirurgie de la Ville de..... à tous ceux qui ces présentes Lettres verront, Salut. Sçavoir faisons : qu'après avoir assemblé notre Communauté, et pris l'avis des Maîtres qui la composent, et bien informé des talens, capacité, probité et expérience du sieur..... Maître en ladite Communauté, Nous l'avons nommé et commis, nommons et commettons par ces Présentes pour remplir les Fonctions de Prévot en ladite communauté pendant un an *(s'il y a vingt Maîtres et au-dessus, on mettra*, pendant deux ans, *Voyez l'Article 29 des statuts)*; en conséquence, le chargeons de veiller aux affaires de la Communauté et à tout ce qui peut contribuer à y maintenir le bon ordre, le tout ainsi qu'il est porté dans l'Article 28 des Statuts de 1730. De ce faire, lui donnons Pouvoir et Commission par ces dites Présentes, après toutefois qu'il aura prêté en nos mains le serment en tel cas requis et nécessaire. En témoin de quoi nous avons signé la présente Commission, et icelle fait contresigner par le Greffier de Notre Communauté. Fait et passé en notre Chambre de Juridiction ordinaire à..... le.....

Il faudra faire mention du Serment du Prévôt au bas de la commission et au dos en ces termes :

Aujourd'hui..... le sieur..... dénommé en la présente Commission, a prêté en Nos Mains le serment dont il est tenu pour raison de sa place de Prévôt, à l'effet de pouvoir en exercer librement les Fonctions. Fait en notre Chambre de Juridiction ordinaire à..... le jour et an que dessus.

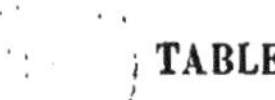

TABLE

Des Titres des Statuts de 1730, et des Edits, Déclarations, Arrêts et Réglemens contenus dans cette nouvelle Edition.

Modèles de Lettres de Maîtrise

Edits, Arrêts et Réglements cités dans les Notes.

FIN DE LA TABLE

A la fin du volume N° 18819 de la Bibliothèque de l'Ecole de Pharmarcie de Paris, se trouve collée une feuille où se lit :

« Il faut s'adresser pour les Affaires qui concernent la Juridiction de M. le Premier Chirurgien du Roi ;

A M. Le Blond d'Olblen, avocat au Parlement, Secrétaire de M. le Premier Chirurgien du Roi, rue d'Argenteuil, près le passage S. Roch, à Paris.

Et avoir attention d'affranchir les Lettres qu'on lui écrit, sans qui elles resteroient à la Poste, sans réponse. M. le Premier Chirurgien n'ayant pas ses ports francs, et il en doit être usé de même à l'égard de celles qui lui sont adressées pour ces sortes d'affaires (1). »

(1) Voir aux Archives départementales de l'Aveyron, E. 721, un exemplaire très curieux des *Statuts et Règlements des chirurgiens des Provinces établis ou non établis en corps de communauté.*

Poitiers. — Imp. Blais et Roy

www.ingramcontent.com/pod-product-compliance
Ingram Content Group UK Ltd.
Pitfield, Milton Keynes, MK11 3LW, UK
UKHW021100200726
13857UKWH00003B/1032